Yurdakul Cakir-Dikkaya (Hrsg.)

Tülay Altun

Katrin Günther

Eva Lipkowski

Komm
DaZu

DaZ für den Fachunterricht

Gesellschafts-wissenschaften Klasse 5–10

Materialien, Tipps, Hilfen und Methoden

Cornelsen

Die Herausgeberin

Dr. *Yurdakul Cakir-Dikkaya*, Oberstudienrätin im Hochschuldienst, arbeitet an der Universität Essen, Abteilung Linguistik der deutschen Sprache und ist Expertin für sprachliche Schwierigkeiten von Schülern mit Migrationshintergrund.

Die Autorinnen

Katrin Günther studierte Deutsch und Geschichte, unterrichtete an einem Berufskolleg und engagierte sich schon früh in der Sprachförderung. Sie arbeitet an der Universität Duisburg-Essen in verschiedenen Modellprojekten und an Lehraufträgen. Außerdem koordiniert sie im BISS-Verbund die Integration von Seiteneinsteigern in die Sek II.

Tülay Altun studierte Deutsch und Geschichte, erwarb eine Zusatzqualifikation für Deutsch als Zweitsprache und unterrichtete an einer Gesamtschule. Sie arbeitet an der Universität Duisburg-Essen in verschiedenen Modellprojekten und an Lehraufträgen. Außerdem koordiniert sie BISS-Verbünde zum sprachsensiblen Unterrichten in der Sek I.

Eva Lipkowski studierte Deutsch und Wirtschaft, machte das Lehramtsexamen und war in verschiedenen Bereichen der Universität Essen tätig. Nach ihrer Promotion arbeitete sie u.a. im Bereich der didaktischen Grundlagen Deutsch an der Universität Duisburg-Essen und führte zahlreiche Lehrerfortbildungen zum Thema Deutsch als Zweitsprache durch.

Projektleitung: Gabriele Teubner-Nicolai, Berlin
Redaktion: Daniela Brunner, Korschenbroich
Umschlaggestaltung: Corinna Babylon, Berlin
Illustrationen: Antje Kahl, Berlin
Layout/technische Umsetzung sowie Programmierung/Umsetzung der CD-Materialien: zweiband.media, Berlin

www.cornelsen.de

2. Auflage 2017

© 2017 Cornelsen Verlag GmbH, Berlin

Druck: H. Heenemann, Berlin

ISBN 978-3-589-15215-5

PEFC zertifiziert
Dieses Produkt stammt aus nachhaltig
bewirtschafteten Wäldern und kontrollierten
Quellen.
www.pefc.de

Inhalt

Es bedeuten:

|V | = vor dem Lesen

|W | = während des Lesens

|N | = nach dem Lesen

Vorwort: Zum Spracherwerb mehrsprachiger Schülerinnen und Schüler

Für den Spracherwerb ist sprachlicher Input erforderlich, hier können zwei Formen unterschieden werden. Der ungesteuerte Input, der sich aus alltäglichen Kommunikationssituationen ergibt, und der gesteuerte, der eine geplante Einflussnahme auf sprachliches Lernen darstellt.

Der Begriff **ungesteuerter Spracherwerb** wird für den Spracherwerb von Kleinkindern verwendet, aber auch für den späteren spontanen Muttersprach- und Zweitspracherwerb.
Unter **gesteuertem Spracherwerb** versteht man die Aneignung von Sprache in einem institutionellen Rahmen, die didaktischen und methodischen Überlegungen folgt.

Die meisten Mehrsprachigen werden in den ersten drei Jahren vornehmlich in der Muttersprache sozialisiert. Ihre muttersprachlichen Fähigkeiten werden altersadäquat ausgebildet, ihr Deutscherwerb ist dagegen vom entsprechenden Sprachkontakt abhängig.

KINDERGARTEN

Da in Deutschland Geborene häufig erst mit dem Eintritt in den Kindergarten in einen engeren Kontakt zum Deutschen treten, setzt der ungesteuerte Erwerb erst in einem Alter ein, in dem die Erwachsenen Kindern gegenüber Sprachformen anwenden, die die Lautung nicht mehr deutlich hervorheben. Tatsächlich lässt sich beobachten, dass manche mehrsprachige Schülerinnen und Schüler, die den Kindergarten in Deutschland besucht haben, nachhaltig Probleme mit Lauten und Silben und der Prosodie des Deutschen haben.

Bei türkischsprachigen Schülerinnen und Schülern lässt sich z. B. Folgendes beobachten:
der Laut /ch/, der im Türkischen nicht auftritt, wird nicht korrekt artikuliert. /isch/ statt /ich/

Solche Probleme führen nicht nur zu schwer verständlicher Sprache, sondern im Weiteren auch zu Rechtschreibfehlern. Außerdem lassen sie darauf schließen, dass die entsprechenden Laute auch beim Hören nicht reibungslos verarbeitet werden und so das Hörverstehen beeinträchtigt ist.

Kinder, die einen Kindergarten in Deutschland besuchen, bauen meist einen belastbaren umgangssprachlichen Wortschatz auf und erwerben die grundlegenden grammatischen Strukturen. Allerdings lassen sich gegenüber Kindern mit früherem Deutschbeginn oft vermehrt fehlerhafte Formen finden, auch fehlerhafte Formen, die von den Lernern für richtig gehalten und nicht mehr spontan korrigiert werden. Solche Fossilierungen sind besonders bei Artikeln zu beobachten.

GRUNDSCHULE

Gesteuerter Spracherwerb kann bereits vorschulisch stattfinden (Sprachtherapie, expliziter Sprachunterricht im Kindergarten), er gewinnt aber mit dem Schulbesuch wesentlich an Bedeutung.

Schülerinnen und Schüler, die erst in der Grundschule in Kontakt mit dem Deutschen kommen, haben oft einen problematischen Sprach- und Schulbeginn, der bis in die Sekundarstufe I fortwirken kann. Ist der Deutscherwerb deutlich zeitversetzt, erfolgt er auf Grundlage der aufgebauten muttersprachlichen Strukturen. Hier können sich positive, aber auch negative Transferprozesse ergeben.

Die schulische Unterstützung Mehrsprachiger in der Grundschule ist oftmals unzureichend. Viele Schülerinnen und Schüler erhalten nicht die notwendige, systematische Förderung in ihrer zweiten Sprache Deutsch. Bis zum Eintritt in die Sekundarstufe I haben aber fast alle Schülerinnen und Schüler – auf dem Weg des ungesteuerten Erwerbs – eine tragfähige interpersonale Kommunikationsfähigkeit aufgebaut. Viele Lehrkräfte lassen sich täuschen und setzen diese Kommunikationsfähigkeiten mit bildungssprachlichen Kompetenzen gleich.

Der Regel-Deutschunterricht in der Grundschule ist oft der erste **gesteuerte Deutschkontakt**, an dem alle Schülerinnen und Schüler teilnehmen. Hier werden die Schriftsprache sowie lexikalische und grammatische Strukturen erarbeitet und es wird metasprachliches Wissen aufgebaut.

Themen sind:

Schriftsprache	vollständiges und erstes hypothesentestendes Lesen lautgetreues und erstes orthografisches Schreiben
lexikalische Strukturen	Wortfamilien, Wortfelder
grammatische Strukturen	starke Verben, Steigerung, Fälle (nach Präpositionen)
metasprachliches Wissen	Bezeichnungen für Laute, Wortarten, Satzglieder und Sätze

Diese Gegenstände zeigen, dass die Inhalte des Sprachunterrichts in der Grundschule an den Spracherwerb einsprachiger Schülerinnen und Schüler anknüpfen. Für viele Mehrsprachige besteht keine Passung zu ihren Fähigkeiten und Lernvoraussetzungen.

SEKUNDARSTUFE

Die Sprachfähigkeiten Mehrsprachiger, die in der Unterrichtskommunikation verlangt werden, können auch in der Sekundarstufe nicht als abgesichert gelten, ein Sachverhalt, der oft nicht deutlich zutage tritt und von den Lehrerinnen und Lehrern oft nicht wahrgenommen wird. Denn speziell das lexikalische System bietet viele Ausweichmöglichkeiten – statt eines spezifischen Wortes kann häufig auch ein allgemeines gewählt werden.

Gib mir mal den Zirkel. – Gib mir mal das Ding da.

Ich zeichne eine Gerade. – Ich mache einen Strich.

Das grammatische System bietet solche Auswege in geringerem Maß, hier werden Probleme schneller offensichtlich. Insbesondere im Schriftlichen werden fehlerhafte Formen deutlich, wie Unsicherheiten bei Artikeln, Wortstämmen, Endungen und grammatischen Wörtern. Im Mündlichen fallen solche Fehler weniger auf, weil die Aufmerksamkeit auf schnelles Verstehen gerichtet ist.

Gib mir mal das Zirkel.

Ich zeichne einen Gerade.

Auch in der Schule findet in der Kommunikation mit Peers und im Unterricht weiter natürlicher Spracherwerb statt, da lange nicht alle für die Schülerinnen und Schüler neuen sprachlichen Formen erläutert werden. So verwenden in der Sekundarstufe I und II (!) Lehrerinnen und Lehrer weiter Formen einer lehrenden Sprache; hier sind zu nennen:

Wiederholung	*Ja, genau eine Ellipse ist das!*
korrektives Feedback	*Ich zeichne einen Gerade.* → *Mhm, du zeichnest also eine Gerade.*
Expansion von Äußerungen	*Ich mache da einen Kreis.* → *Du schlägst also einen Kreis um den Punkt.*

Die ungesteuerte Sprachaneignung scheint in dieser Phase mühsamer zu werden, möglicherweise aufgrund der fortgeschrittenen Hirnreifung, die bedingt, dass der spontane Erwerb von Lexik und Aussprache langsamer erfolgt. Ein weiterer Faktor kann der zunehmende Verlust kindlicher Unbefangenheit und die Übernahme der Rolle des Erwachsenen sein, die den Zugang zu imitativem Lernen und die erprobende Anwendung von möglicherweise Falschem und Halbverstandenem verstellen. Eine angstfreie Anwendung von spontan erfassten Wörtern, Wendungen oder grammatischen Formen ist aber eine wichtige Quelle natürlichen Spracherwerbs. Lerner, die nur Formen verwenden, deren sie sich sicher sind, schneiden sich die Möglichkeit ab, ihre Sprache durch Bestätigung, korrektives Feedback oder Expansion zu erweitern.

In der Sekundarstufe I liegt der sprachliche Zuwachs vor allem im Bereich der Fachsprache. Hier kommt dem gesteuerten Lernen und in diesem Zusammenhang der Schriftsprache eine bedeutende Rolle zu. Fachsprachliche Wörter, Wendungen und spezifische grammatische Formen werden nun in allen Fächern explizit und extensiv vermittelt.

Dem Fachunterricht kommt hier die Rolle zu, den Erwerb der Fachsprache, ihre Verwendung als Kommunikationsmittel, als Medium des Verstehens, der Reflexion und der Speicherung von Wissen zu sichern.

I. Die gesellschaftswissenschaftlichen Fächer

Als gesellschaftswissenschaftliche Fächer werden unter anderem die Fächer Geschichte, Politik und Geografie bezeichnet, die in manchen Bundesländern und Schulformen gesondert unterrichtet werden und in anderen in einem Fach zusammengefasst, das dann als Gesellschaftskunde, -lehre, Sozialkunde oder Gemeinschaftlehre bezeichnet wird. Hier wird im Weiteren der Begriff Gesellschaftslehre verwendet.

1 Häufig verwendete Texte

Häufig verwendete Texte in der Gesellschaftslehre sind Explikationstexte, Quellen, Karten, Tabellen, Schaubilder und Diagramme. Diese Texte zeigen einen hohen Grad der Ökonomie. Sie können nur verstanden werden, wenn das sparsame sprachliche Material erfasst wird.

Explikations- oder **Darstellungstexte** sind in Schulbüchern die häufigste Textsorte. Sie werden in der Regel von einem Autorenteam verfasst, das sich um eine altersadäquate Darstellung und Sprache bemüht, die allerdings auf die bei deutschsprachigen Schülerinnen und Schülern zu erwartenden Sprach- und Weltkenntnisse zugeschnitten ist. Deshalb wird anders als in den naturwissenschaftlichen Fächern in den Gesellschaftswissenschaften vieles vorausgesetzt, einerseits, weil die Wissensbestände der Gesellschaftswissenschaften stärker in der öffentlichen Diskussion zirkulieren, andererseits, aufgrund der generellen Tendenz in Schulbüchern, eine Grundbildung vorauszusetzen. So werden Begriffe wie *Ressourcen, Verfassung, Finanzmärkte, mutieren, debattieren* ohne Erläuterung verwendet.

In den Gesellschaftswissenschaften, die sich mit den geografischen, historischen, ökonomischen und politischen Strukturen sozialer Gefüge beschäftigen, werden häufig Quellen einbezogen, die nicht fachsprachlicher Natur sind, dabei handelt es sich um Briefe, Plakate, Reiseberichte, Reden, Tagebucheintragungen oder auch literarische Texte. Die Verwendung von Originalquellen im Unterricht ist umstritten. Einerseits wird eine Überarbeitung als unzulässige Verfälschung und der Umgang mit originalen Texten als notwendige Vorbereitung auf ein späteres Studium gesehen, andererseits sind viele Schülerinnen und Schüler nicht in der Lage, Originalquellen ohne umfangreiche Unterstützung zu verstehen und finden Quellenarbeit daher langweilig und unergiebig. Bildquellen sprechen die Schülerinnen und Schüler in der Regel stärker an. Sie werden in allen drei Bereichen häufig genutzt.

Im dritten Teil des vorliegenden Bandes wird exemplarisch aufgezeigt, wie die Textsorten Darstellungstext, Quelle, Schaubild und Karte im Unterricht eingesetzt werden können.

2 Die Rolle der Sprache

Die in den Curricula der Gesellschaftslehre beschriebenen Kompetenzen können grob wie folgt zusammengefasst werden:

- Verstehen historischer, geografischer, politischer, sozialer und wirtschaftlicher Gegebenheiten und Vorgänge
- Selbstständiges Auffinden, Bearbeiten, Interpretieren und Dokumentieren von Informationen
- Aneignung der Fachsprachen als Beitrag zu Informationsverarbeitung, Kommunikation und Sicherung
- Erwerb von Methodenkompetenz
- Erwerb von Medienkompetenz
- Entwicklung von Urteils- und Handlungsfähigkeit

Der Fachsprache wird von den Curricula ein eigener Punkt gewidmet. Die Förderung fachsprachlicher Fähigkeiten sollte aber nicht als gesonderter Arbeitsbereich gesehen werden, sondern als integraler Bestandteil bei der Umsetzung aller unterrichtlichen Teilziele umgesetzt werden.

Die Gesellschaftslehre stellt offenbar deutlich höhere Ansprüche an das Sprach- und Weltwissen der Schülerinnen und Schüler als z. B. die Mathematik, die größere Bereiche ihrer Lexik im Unterricht selbst aufbaut, das zu vermittelnde Wissen systematisch aufeinander aufbauen und beziehen kann und sich in weiten Teilen einer Symbolsprache (Ziffern, Rechenzeichen) bedient, die von einzelsprachlichen Kenntnissen unabhängiger ist. Auch haben die Themen der Gesellschaftslehre häufig wenig fachlichen und damit auch sprachlichen Zusammenhang (Antike/französische Revolution, Klima/Zusammenarbeit in Europa, Bundesregierung/Berufswahl) und müssen daher immer wieder neu an ungewisse sachliche und sprachliche Vorkenntnissen der Schülerinnen und Schüler anknüpfen. Da bildungsaffine Familien ihren Kindern oftmals gerade in diesen Bereichen viele Kenntnisse vermitteln, kommt die häufig beklagte Mittelschichtsorientierung des Bildungswesens hier zum Tragen, wenn die Kenntnisse der weniger geförderten Schülerinnen und Schüler nicht konsequent aufgebaut werden. Auch viele Mehrsprachige stammen aus bildungsorientierten Familien, die Bildungsinhalte, die über diese Familien vermittelt werden, sind jedoch auf deren kulturellen Hintergrund bezogen. In kaum einer mehrsprachigen Familie werden die Reformation, die Weltkriege, die Reichsgründung, der deutsche Faschismus oder die DDR-Zeit zu den besprochenen Themen gehören. Stattdessen können religiöse Entwicklungen im Islam oder Hinduismus, die Geografie der Heimatregion oder dortige kulturelle und politische Entwicklungen Gesprächsstoff sein. Andere Mehrsprachige nehmen wie auch viele Deutschsprachige an solchen Diskursen innerhalb der Familie nicht teil und sind auf die mediale und schulische Vermittlung angewiesen. Für sie ergeben sich beim Anknüpfen und Verfolgen schulischer Gegenstände daher umso größere Probleme, je weniger sie mit der deutschen Geschichte, Geografie und Gesellschaft bekannt und je geringer ihre Sprachkenntnisse sind.

Auf der sprachlichen Ebene können sich für mehrsprachige Schülerinnen und Schüler folgende Problembereiche ergeben:

Aussprache	Einzellaute, Silben, Wörter, Sätze, Prosodie
Wortschatz	Grundwortschatz des Deutschen, Fachwörter,
	Wortbildungsmuster, Ableitungen, Ab- und Umlaute,
	semantische Konzepte
Grammatik	Grammatik am Wort (Genus, Plural, Steigerung), Präteritum, Passiv, Konjunktiv
	Proformen (Pronomen, Satzadverbien), Stellungsregeln in Satzgliedern, Attribute, teilbare Prädikate
Grammatische Wörter	Präpositionen, Konjunktionen
Stil	Unterscheidung von Umgangs- und Fachsprache

Die wichtigsten Problembereiche werden nach einem kurzen Einblick in die Fachsprache der gesellschaftswissenschaftlichen Fächer ausführlich dargestellt.

3 Die Charakteristika der Fachsprache

Fachsprachen sind generell von folgenden Eigenschaften gekennzeichnet:

- Eindeutigkeit
- Ökonomie
- Orientierung an der Standardsprache
- Gebrauch von Symbolen und formalen Texten

Diese Eigenschaften treffen auch auf viele Texte zu, die im gesellschaftswissenschaftlichen Unterricht eingesetzt werden. Für Schülerinnen und Schüler der Sekundarstufe I und II werden die Merkmale jedoch unter didaktischen Gesichtspunkten modifiziert. Die Texte sind von einer geringeren Präzision und größeren Ausführlichkeit, weisen häufiger Beispiele und Verweise auf das Leben der Schülerinnen und Schüler selbst auf. Da die Heranführung an die Fachsprache aber zu den unverzichtbaren Unterrichtszielen gehört, werden die Schülerinnen und Schüler soweit mit verdichteten Texten, formalisierter Sprache, der Informationsvermittlung durch Abbildungen und formale Texten konfrontiert, wie es ihrem Alter entspricht.

3.1 Charakteristika auf der Satzebene

3.1.1 Nebensätze

Gesellschaftswissenschaft stellt wahrscheinlich den Bereich mit den höchsten sprachlichen Anforderungen an die Schülerinnen und Schüler dar. Dies zeigt sich auch im Bereich der Syntax: in allen drei Bereichen werden je nach Textsorte sehr unterschiedlich komplexe Sätze verwendet. Der Satzbau kann verschachtelt, hypotaktisch, komplex und mit seltenen Konjunktionen (z. B. *infolgedessen*) und Präpositionen (z. B. *gen*) versehen sein. Dabei treten in den Texten alle Formen des Nebensatzes häufig auf, vor allem ein hohes Vorkommen von Kausal-, Final-, Konditional- und Relativsätzen ist zu beobachten.

Kausalsatz:
Da Sachsen und Bayern Anspruch erhoben, war man bereit, …

Finalsatz:
Um Überschüsse zu verhindern, wurden Subventionen geschaffen.

Konditionalsatz:
Wenn der Regen ausbleibt, fallen die Ernten aus.

Die Konditionalsätze treten sehr oft als uneingeleitete Konditionalsätze auf.

Addiert man die Niederschlagshöhen aller Tage eines Monats, erhält man den Monatsniederschlag.

Hier wird die Konjunktion eingespart, da sie in hohem Maß erwartbar ist und so sprachliche Ökonomie erzielt. Insbesondere für die mehrsprachigen Schülerinnen und Schüler ist die Nennung der Konjunktion aber oft verständnissichernd.

Relativsatz:
Das Telefon ist nur ein Beispiel für Technik, die uns ständig umgibt und mit der wir leben.

Relativsätze erläutern einen genannten Gegenstand näher, es handelt sich um Attributsätze, der Relativsatz steht rechts des erläuterten Wortes (Bezugswortes). Das bedeutet, dass der Leser oder Hörer bereits weiß, auf welchen Gegenstand sich die Beifügung bezieht.

Vor allem in Definitionen kommen Relativsätze sehr oft vor. Sie sind immer in einen anderen Satz eingebettet, daher besteht die Gefahr, dass wenig geübte Leser den Bezug zwischen dem Relativsatz und seinem Bezugswort nicht realisieren, sondern eine weiterführende Information erwarten. In diesem Bereich haben Mehrsprachige besondere Probleme, wenn sie sich nicht sicher sind, welches Genus ein Nomen hat oder das Genus des Nomens nicht kennen. Dann können sie das Bezugswort oft nur raten. So muss man im folgenden Satz wissen, dass *Japan* ein Neutrum ist, um den Bezug zwischen dem Relativpronomen und dem Nomen richtig herzustellen.

Ende 1941 traten auch die USA in den Krieg ein, nachdem die amerikanische Pazifikflotte in Pearl Harbor von Japan, das sich mit Deutschland verbündet hatte, überfallen worden war.

Wie auch hier zu sehen ist, werden Nebensätze oft in komplexe Sätze eingebettet, die sich Schülerinnen und Schülern beim ersten Lesen nicht erschließen.

Um solche Sätze zu verstehen, ist die Fähigkeit, einen Satz in einzelne Sätze und Satzglieder zu zerlegen, relevant, die bei Mehrsprachigen aber aufgrund von Unsicherheiten im Bereich der grammatischen Formen eingeschränkt sein kann.

3.1.2 Attribute

In den Texten kommen auch Sätze vor, die zwar in ihrer Struktur einfach sind, aber durch überfrachtete Satzglieder unübersichtlich werden.

In weiteren Geschäftszweigen werden im Volkswagenkonzern (Subjekt:) <u>Großdieselmotoren für maritime und stationäre Anwendungen (schlüsselfertige Kraftwerke), Turbolader, Turbomaschinen (Dampf- und Gasturbinen, Kompressoren und chemische Reaktoren</u> hergestellt.[1]

Vor allem die nominalen Satzglieder können durch verschiedene Attribute erweitert werden.

Denn nicht nur Relativsätze können als Attribute fungieren und nähere Informationen zu einem Nomen geben, sondern auch andere sprachliche Einheiten. Dabei können die Attribute sowohl vor dem Bezugswort stehen als auch dahinter. Deshalb unterscheidet man linksstehende Attribute und rechtsstehende Attribute.

a) Linksstehende Attribute

Linksstehende Attribute gehen der Aussage voran, die sie näher bestimmen, d. h. bei linksstehenden Attributen erhält der Leser oder Hörer zunächst speziellere Informationen und erst im Anschluss wird durch das Bezugswort deutlich, worauf diese sich beziehen.

Linksstehende Attribute treten besonders häufig in Form von Adjektiven auf und sind dann gut verständlich, solange die Bedeutung des Adjektivs bekannt ist.

Adjektiv-attribute:	*gestiegene Kosten, registrierte Arbeitslose, außenwirtschaftliches Gleichgewicht*
Genitivus auctoris:	*Darwins Schriften, Columbus Entdeckung, Kohls Rede*

Sind die linksstehenden Attribute jedoch lang und geschachtelt, sind sie eine Verständnisbarriere und es kann geschehen, dass weder das Attribut verstanden, noch der nachfolgende Kern identifiziert wird.

b) Rechtsstehende Attribute

Rechtsstehende Attribute folgen dem Kern. Außer Relativsätzen sind Genitivattribute und Präpositionalattribute rechtsstehende Attribute.

Genitivattribute: Genitivattribute sind außerordentlich häufig, nach dem Adjektivattribut sind sie in vielen Texten die häufigste Form, dabei ist ihre inhaltliche Funktion heterogen. Sie bereiten den mehrsprachigen Schülerinnen und Schülern aus zwei Gründen Probleme. Zum einen kommt der Genitiv in der Umgangssprache nicht so oft vor und zum anderen stimmt der Artikel bei den Feminina im Genitiv im Singular mit dem Artikel der Maskulina im Nominativ überein.

*Die Mitglieder **der** Regierung Merkel ...*

(der Regierung = Femininum Singular Genitiv)

Der Rat der Stadt Essen ...

(der Rat = Maskulinum Singular Nominativ)

Um in solchen Fällen das Genitivattribut richtig zu identifizieren, muss man das Genus des Nomens kennen.

Auch im Plural gibt es dieses Problem.

Er vertritt die Interessen der Bürger.

Präpositionalattribute: Präpositionalattribute sind ebenfalls häufig.

Der Druck auf Abweichler

Die Teilnahme an Demonstrationen

Die inhaltliche Funktion der Präpositionalattribute ist durch die Bedeutungsleistung der Präposition genauer bestimmt als die des Genitivattributs. Oft können die beiden Formen des Attributs ineinander überführt werden.

die Abholzung der Wälder – die Abholzung von Wäldern

---

1 Bahr, Mattias et al. (2012): Durchblick Gesellschaftslehre 5/6, 148.

Die Stellung der Attribute hat Bedeutung für die Abfolge der Informationen im Satz. Haben Sprachanfänger Muttersprachen, die nur Rechtsattribute oder nur Linksattribute kennen, können sie den Überblick über die Bezüge der Satzteile zueinander verlieren. Diese Gefahr ist beim Hören größer als beim Lesen, das unter einem geringeren Zeitdruck steht. Als besonders schwierig gelten geschachtelte Linksattribute, da dem Bezugswort hier eine komplexe Konstruktion vorausgeht. Solche Formen treten in Texten der Gesellschaftswissenschaften häufig auf.

die gemeinsame, vorübergehende Niederlegung der Arbeit

c) Erweiterte Attribute

Wie am letzten Beispiel zu sehen ist, können die Attribute ebenfalls erweitert und miteinander kombiniert werden, so dass sehr umfangreiche Sätze entstehen.

Den natürlichen, allein richtigen Prozess der Entwicklung von Staat und Gesellschaft …

Erfindungen, deren bedeutendste 1769 die erste brauchbare Dampfmaschine war, die James Watt konstruierte

Die neu gebildeten Fraktionen des Bundestages

Auch hier fällt es vielen Schülerinnen und Schülern schwer, das Bezugswort in solchen komplexen Satzgliedern zu ermitteln.

Die Fähigkeit zur Satzanalyse wird bereits in der Grundschule angelegt, wenn die Schülerinnen und Schüler lernen, Subjekt, Prädikat und Objekt zu bestimmen. In der Sekundarstufe I gehört es zu den Aufgaben des Deutschunterrichts, diese Kenntnisse zu festigen, die Bestimmung der anderen Satzglieder (Angaben) der Nebensätze und die Analyse der Attribute zu sichern. Es lässt sich jedoch beobachten, dass der Unterricht hier oft wenig erfolgreich ist und viele Schülerinnen und Schüler die Satzglieder schriftlicher Texte weder abgrenzen noch benennen können. Dies geht oft damit einher, dass selbst Hilfsfragen wie: Wer macht hier was? Wer ist der Akteur? etc. nicht beantwortet werden können, weil die Schülerinnen und Schüler daran festhalten, den unverstandenen Satz immer wieder von vorne zu lesen und immer an der gleichen Stelle scheitern, statt die Linearität zu verlassen und nach dem Prinzip der „Verstehensinseln" vorgehend eine eklektische, auswählende Satzanalyse zu versuchen. Da Mehrsprachige durch ihre Zweisprachigkeit daran gewöhnt

sind, Strukturen flexibel anzugehen, können sie hier im Vorteil sein, soweit er ihnen nicht durch eingeschränkte Wortkenntnisse genommen wird. Der Fachunterricht wird nicht in der Lage sein, solche grundsätzlichen Leseeinschränkungen aufzuheben, er muss sie aber bei der Gestaltung seiner Texte in Rechnung stellen und einerseits auf Texte zugreifen, die für die Schülerinnen und Schüler zugänglich sind, andererseits ihre Fähigkeiten soweit fordern wie es möglich ist. Dies wird in den meisten Klassen nicht ohne ein differenziertes Textangebot möglich sein.

Methodische Hinweise: Attribute

Lesen von Attributen
- Kennzeichnung von Bezugswörtern und zugehörigen Relativsätzen bzw. Attributen
- Relativsätze mündlich in andere Konstruktionen umwandeln
- Genitivattribute in Präpositionalattribute umwandeln und umgekehrt

Bedingungen auf der Nachfrageseite ↔ Bedingungen der Nachfrageseite

Schreiben von Attributen
- Satzanfänge geben, die zu Rechtsattributen führen
- Rechtsattribute schriftlich in Sätze auflösen lassen
- Aus zwei Sätzen einen Satz mit Rechtsattributen bilden
- Kommata in Sätze mit Relativsätzen einfügen lassen
- Geschachtelte Attribute in Teilsätze auflösen
- Tilgen von Attributen, z. B.:

In dem Maße, in dem die Nachfrage nach Waren und Dienstleistungen die gesamtwirtschaftlichen Angebotsmöglichkeiten übersteigt, haben die Anbieter die Möglichkeit, die Preise heraufzusetzen.

In dem Maße, in dem die Nachfrage die Angebotsmöglichkeiten übersteigt, haben die Anbieter die Möglichkeit, die Preise heraufzusetzen.[2]

---

2 Deiseroth et al. (2016): Demokratie heute. Prüfausgabe. Braunschweig, 102.

3.1.3 Trennbare Prädikate

Trennbare Prädikate sind eine Besonderheit der deutschen Sprache. In den Herkunftssprachen der Mehrsprachigen treten sie nicht auf. Sie stellen daher für alle Mehrsprachigen ein Problem dar und ihre Anwendung bleibt, trotz der Häufigkeit in der sie auftreten, bei vielen Mehrsprachigen lange unsicher, insbesondere, wenn es um schriftliche Äußerungen geht. Untersuchungen weisen darauf hin, dass es auch von der Muttersprache abhängig ist, wie lange der Erwerb getrennter Formen dauert.

Trennbare Prädikate können beim Leseproblem zu Missverständnissen führen, so können sie missverstanden werden, wenn der zweite Teil übersehen wird, was vor allem bei Präfixverben vorkommen kann, da die abgetrennten Präfixe kurz sind und z.T. mit eigenständigen Präpositionen verwechselt werden können. Diese würden in den konkreten Sätzen zwar keinen Sinn ergeben, der Irrtum über den Status eines abgetrennten Präfixes kann aber zum Überlesen führen.

schreibe … auf/ab

werte … aus

trage … ein

Er bereitet die Beschlüsse vor.

Kaiser Wilhelm II. dankte, nachdem Deutschland den 1. Weltkrieg verloren hatte, ab.

Trennbare Prädikate sind in allen Fachtexten häufig vertreten, sie ergeben sich nicht nur aus Präfixverben, sondern auch aus Modalkonstruktionen, oder Passiv- und seltener aus zusammengesetzten Tempusformen, da in Fachtexten zumeist Präsens und ggf. Imperfekt verwendet wird.

Modalkonstruktionen	*Im Parlament dürfen nur Abgeordnete einer Partei eine Fraktion bilden.*
Zusammengesetzte Zeitformen	*Hatte sich eine Fraktion gebildet, konnte sie …*
Passivformen	*So werden die Beschlüsse gefasst.*

Die Passivformen bereiten nicht nur aufgrund der Tatsache Probleme, dass sie mehrteilige Prädikate bilden, sondern auch aufgrund ihrer Form. Denn sie werden so wie das Futur mit „werden" gebildet und weisen in einigen Fällen nur einen minimalen Unterschied zum Futur auf, der von einigen Schülerinnen und Schülern nicht wahrgenommen bzw. übersehen wird.

Er wird anrufen.

Er wird angerufen.

Auch das Passiv kommt so wie der Genitiv in der Umgangssprache seltener vor als in der Schriftsprache.

Methodische Hinweise: Prädikate

- Geteilte Präfixverben in Texten unterstreichen lassen
  Sie stellt den Kandidaten auf.
- Sätze mit Modalverben versehen (lassen) oder die Modalverben tilgen (lassen)
  Erkläre anhand der Grafik, wie … ↔ Du sollst anhand der Grafik erklären, wie …
- Aus Passivsätzen Aktivsätze formulieren (lassen) und umgekehrt
  Das freie Mandat wird durch das Grundgesetz garantiert. ↔ Das Grundgesetz garantiert das freie Mandat.

3.2 Charakteristika auf der Wortebene

Der Wortschatz der Gesellschaftswissenschaften ist umfangreich und entstammt dem Deutschen, Griechischen, Lateinischen und Arabischen, Englischen und Französischen.

Für mehrsprachige Schülerinnen und Schüler kann die Fülle des Wortmaterials in didaktischen Texten und Quellen überfordernd sein, besonders dann, wenn sie noch nicht zwischen Haupt- und Nebenaussagen unterscheiden können. Außer den Fach- und Fremdwörtern können folgende Wörter mehrsprachigen Schülerinnen und Schülern Probleme bereiten.

3.2.1 Veraltete und sehr spezifische Wörter

Insbesondere Textquellen enthalten häufig veraltete oder sehr spezifische Wörter, die die Schülerinnen und Schüler nicht kennen, z. B.:

Heimsuchung, Staatsräson, Pauperisierung, frohlocken, ausfouragieren,

Jurisdiktion, Dekartellisierung, gründerzeitliche Viertel

3.2.2 Wörter mit einer ähnlichen Wortform

In den Gesellschaftswissenschaften gibt es eine Reihe verwechslungsträchtiger Wörter, weil sie eine ähnliche Wortgestalt haben, z. B.:

Landleute – Landsleute,

Ökonomie – Ökologie,

Qualität – Quantität

Methodische Hinweise: Fachwörter

- Führen eines Vokabelheftes, chronologisch oder alphabetisch mit ausgewählten Wörtern
- Sammeln von Synonymen
- Lückentexte
- Assoziogramm zu einem Wort zusammentragen
- Mindmap zu einem Wort erstellen
- Bilder zu Abstrakta und Allegorien sammeln
- Umgangssprachliche und hochsprachliche Wörter einander gegenüberstellen
- Kreuzworträtsel
- Einbezug der Herkunftssprachen durch Übersetzungen, vor allem bei Lexikalisierungen und Allegorien oft aufschlussreich und unterhaltend

---

Verwechselungsträchtige Wörter sollten nach Möglichkeit zeitversetzt zueinander eingeführt werden, ggf. können Eselsbrücken entwickelt werden.

3.2.3 Komplexe/zusammengesetzte Wörter

Mehrsprachige können aufgrund von Wortschatzeinschränkungen besondere Probleme mit der Fachsprache der Gesellschaftslehre haben. Die Eindeutigkeit gesellschaftswissenschaftlicher Bezeichnungen geht oft mit komplexen Wortformen einher, mit denen Mehrsprachige oft noch wenig sicher umgehen, weil die einzelnen Wortteile nicht bekannt sind.

Grünlandwirtschaft, Jahresniederschläge, Betriebsverfassungsgesetz, Konjunkturtief

In den Gesellschaftswissenschaftlichen Fächern werden solche, oft mehrgliedrigen Komposita häufig verwendet. Durch die Vereinigung zweier oder mehrerer Wörter ohne Bindeglieder wie Präpositionen oder Artikel werden viele Informationen durch wenig sprachliches Material getragen, die Komposition dient daher der sprachlichen Ökonomie.

Der Wegfall der Präpositionen bewirkt allerdings auch, dass die inhaltliche Verbindung der einzelnen Wörter mehrdeutig ist.

Frankenreich, Glaubenskämpfe, Bürgerkrieg, Unabhängigkeitskampf, Feldherr, Terrorbanden, Berufssoldaten, Bauernsoldaten, Bundesgenosse

Bei Komposita ist immer das letzte Wort der Fügung ausschlaggebend für die Basisbedeutung (Grundwort) und den Artikel, die linksstehenden Wörter erläutern das Grundwort näher (Bestimmungswörter).

Viele Mehrsprachige verwenden den Artikel des ersten Wortes.

das Volkspartei

der Schneegrenze

die Entwicklungsprojekt

Wird beim Lesen nur auf das erste Wort geachtet, ergeben sich Missverständnisse.

Die Windkraftanlage stieß auf Widerstand =/= Die Windkraft stieß auf Widerstand.

Daher ist hier ein Hinweis oder eine Visualisierung hilfreich.

Methodische Hinweise: Komposita

- Zusammengesetzte Wörter aus einfachen Wörtern bilden
- Zusammengesetzte Wörter zerlegen
- Eine Klammer zwischen Artikel und Grundwort einzeichnen

Ableitungen: Aus einfachen Wörtern werden durch Prä- und Suffixe Ableitungen gebildet.

Die in der Gesellschaftswissenschaftslehre verwendeten Nomen und Adjektive weisen, zahlreiche Präfixe und Präfixoide auf, die für die Bedeutungserschließung relevant sind, wie z. B.:

aus-, binnen-, nord-, süd-, west-, ost-, welt-, leer-, ex-, groß-, trans-, im-, inter-, intra-, nach-, neo-, neu-, nieder-, non-, poly-, ur-.

Großherzog, Nachfolger, Neuzeit, Ausbund, Hauptmann, aushängen, Niedertracht
Großstadt, Nachfrage, Neuland, Ausdehnung, Hauptstadt, Niederschlag,
Großfamilie, Nachteil, Neubürger, Ausbau, Hauptwohnsitz, Niederschrift, ausführen

---

Methodische Hinweise: Ableitungen

- Morphempuzzle
- Texte mit Wortteillücken
- Sammeln von Wörtern mit bedeutungsfesten Suffixen: *trennbar, lösbar/walzenförmig, kugelförmig*
- Sammeln von Wörtern mit Präfixen: *Prozent, Promille, Produkt, Profit, Prozessor*
- Sammeln von Wörtern mit gleichen Stämmen: *Geometrie, Geothermie, Geologie*

3.2.4 Wörter mit Tilgungsstrich
Häufig genutzt wird auch die Ersetzung von Wortteilen durch den Auslassungsstrich.

Geruchs- und Keimbelastung

Abhängigkeits- und Ausnutzungsverhältnisse

die Kranken-, Unfall-, Arbeitslosen-, Pflege- und Rentenversicherung

Hier besteht das Problem darin, dass die Grundbedeutung der zusammengesetzten Wörter erst am letzten Wort zu sehen ist.

3.2.5 Abkürzungen
Buchstaben können auch als Abkürzungen auftreten, in diesem Fall stehen sie meist für ein Wort. Da Abkürzungen umso vieldeutiger sind, je kürzer sie sind, können einteilige Buchstabenkürzungen leicht verwechselt werden, so steht in Klimadiagrammen J für *Januar, Juni* und *Juli*. Da nicht alle Klimadiagramme mit dem Januar beginnen, können hier bei flüchtigem Lesen Missverständnisse auftreten.

Die meisten Abkürzungen der Gesellschaftswissenschaften sind mehrteilig, wobei dreiteilige überwiegen. Beispiele hierfür sind Bezeichnungen für:

Parteien	*CDU, SPD, FDP*
Länder	*BRD, USA, UDSSR/NRW*
Institutionen	*OECD; WHO, NATO, UNO, IWF, Unicef, DGB, IHK, dpa*
Gesetze und Rechtsformen	*HRGe, GmbH*
Einheiten	*Std. St. h/sek, sec./m², ha,/kg, dz, cm³, ccm*

Methodische Hinweise: Abkürzungen

Da viele Schulbücher auf eine Auflistung der verwendeten Abkürzungen verzichten, werden diese im Text meist nach der Definition erstmals erwähnt und dann aus Gründen der Ökonomie anstelle der Vollform verwendet. Diese Form der Semantisierung ist für viele Schülerinnen und Schüler unzureichend und führt zu einer vagen oder sogar falschen Vorstellung. Folgende Methoden können Abhilfe schaffen:
- Abkürzungen in Vollformen auflösen lassen
- Abkürzungen in Texten oder Skizzen tilgen und eintragen lassen
- Abkürzungs- und Erläuterungsliste zu einem Thema erstellen oder erstellen lassen
- Memorys mit Abkürzungen (ggf. auch Symbolen) und Vollwörtern erstellen sowie verschiedene Zuordnungsübungen durchführen
- Übersetzung von Abkürzungen, die sich auf Wörter aus Fremdsprachen beziehen, *WHO World Health Organisation – Welt Gesundheitsorganisation*
- Abkürzungen des täglichen Lebens zusammenstellen und Reflexion der Funktion von Abkürzungen

---

3.2.6 Zahlen und Maßeinheiten

Mehrsprachige erlernen die Zahlen meist zunächst in der Muttersprache und haben oft besondere Probleme, wenn sie mit Schulbeginn oder als Seiteneinsteiger später ins deutsche Zahlensystem wechseln, denn die Zahlen fast aller Muttersprachen werden immer in der Leserichtung ausgesprochen, was im Deutschen bei den zweistelligen Zahlen nicht der Fall ist.

24 – twenty four – vierundzwanzig

Hieraus ergeben sich viele Probleme, wie Verwechslungen, Unsicherheiten und Verzögerungen im Gebrauch der Zahlwörter, die vor allem im Mündlichen relevant sind und wenn Zeitdruck besteht.

3.2.7 Symbole

Die Gesellschaftswissenschaften verwenden Symbolsysteme, die aus anderen Bereichen, u. a. aus der Mathematik stammen. Die Probleme, die mit diesen Systemen mit (großen) Zahlen und mit vielen Rechenzeichen (%) bestehen, werden so in die Sozialwissenschaften importiert. Da gerade die Prozentrechnung in Geografie und Sozialwissenschaften häufig verwendet wird, aber bei vielen Schülerinnen und Schülern unsicher ist, kann die Notwendigkeit entstehen, sie fachfremd zu wiederholen. Dies betrifft auch viele Maßeinheiten, wie m^2, m^3, ha. Die Begriffsbildung gegenüber Mengen ist vor allem bei hohen Zahlen oft vage, so dass Zeitangaben im Fach Geschichte oder Entfernungen im Fach Geografie oft Verbalismen bleiben, die nicht mit einer belastbaren Semantik verbunden sind. Unsicher sind meist auch die Römischen Ziffern, die vor allem in Geschichte verwendet werden. Hier ist oft bereits der Unterschied zwischen IV und VI ein Problem, zu längeren Jahreszahlen z. B. auf Gebäuden wird kein Zugang gefunden.

Andere Symbolsysteme wurden aus den Gesellschaftswissenschaften selbst entwickelt, so im Bereich Geschichte die Zeichen in Genealogien für geboren, gestorben, verheiratet, männlich, weiblich und in Geschichte und Geografie die Symbole der Kartenlegenden.

Die genealogischen Symbole sind meist auf christliche Bräuche bezogen, z. B. Eheringe, das Kreuz als Zeichen für den Tod. Da diese Zeichen in der deutschen Gesellschaft sehr verbreitet sind, sind Erläuterungen nur für Seiteneinsteiger von Bedeutung.

Kartensymbole spielen vor allem in Geschichte und Geografie eine Rolle, sie sind z. T. genormt. Historische, also alte Karten, und didaktisch gestaltete Karten können freigestaltete Symbole enthalten. Die Lektüre der Legende wird von vielen Schülerinnen und Schülern vermieden, stattdessen versuchen sie, die Karten spontan zu verstehen, was zu erheblichen Missverständnissen führen kann: Nicht nur Einzelsymbole, sondern auch Grenzen und Farben können falsch interpretiert werden.

In den Sozialwissenschaften werden in Flussdiagrammen häufig Pfeile und ad-hoc eingeführte Symbole verwendet.

Methodische Hinweise: Symbole

Eine systematische Behandlung von Symbolen ist lange vernachlässigt worden. Überraschenderweise verzichten noch heute viele Schulbücher darauf, eine erklärende Auflistung der verwendeten Symbole zu geben, so dass die Erstellung einer solchen Liste bereits eine Hilfe sein kann.

Auch wenn Symbole von Einzelsprachen unabhängig sind, können sie daher trotzdem für Mehrsprachige besondere Probleme erzeugen, wenn in ihren Familien andere Zahlensysteme, Rechenzeichen und Notationsweisen verwendet werden als im deutschen Schulsystem üblich. Auch die häusliche Unterstützung des schulischen Lernens kann so erschwert werden.

- Memorys mit Symbolen (ggf. auch Abkürzungen) und Vollwörtern erstellen und verschiedene Zuordnungsübungen durchführen
- Symbole für bestimmte Zwecke selbst erfinden, wie persönliches Symbol, Ordnungssymbole innerhalb des Klassenverbands, Symbole für Schulfeste etc.

II. Allgemeine methodisch-didaktische Hinweise

Ein klassischer Vermittlungsweg in den gesellschaftswissenschaftlichen Fächern ist nach wie vor der Lehrervortrag. Er ist meist durch Medien gestützt, wobei der den Vortrag begleitende Tafelanschrieb und OHP-Projektionen häufig genutzt werden.

In dieser Situation sind Mehrsprachige besonders gefordert, wenn ihre Hörmuster der deutschen Sprache noch nicht vollständig angepasst sind und ihr Wortschatz noch gering ist, können Hörverstehen und Konzentrationsspanne deutlich beeinträchtigt sein. Beim Anhören von Lehrervorträgen kommt auch zum Tragen, dass Mehrsprachigen viele Wörter unbekannt sein können.

Das Zuhören innerhalb von Gruppenarbeit fällt dagegen weniger schwer, da Nachfragen möglich sind und Sachverhalte oft mehrmals thematisiert werden.

Längere mündliche Einlassungen sind für Mehrsprachige ungünstig. Mündliche Unterrichtsteile sollten daher
- kurz sein,
- ggf. in kleinen Einheiten erfolgen,
- durch Nachfragen des Vortragenden unterbrochen werden,
- durch zusätzliche Medien, wie Tafel-Skizzen, OHP-Projektionen etc. unterstützt werden,
- wiederholt werden, z. B. durch einen anderen Sprecher.

Auch folgende Maßnahmen sind hilfreich:
- Schlüsselwörter vorklären, anschreiben oder auf Karten aushängen
- Lückentexte geben, die auf Basis des mündlichen Vortrags ausgefüllt werden
- bei Vorträgen Skizzen beschriften lassen

Da der Gesellschaftswissenschaftliche Unterricht auf Interpretation und Urteilsfindung abzielt, kommt auch dem mündlichen Ausdruck und der Diskussion eine große Rolle zu. Hier werden das Vertreten der eigenen Meinung, das Verstehen anderer Auffassungen in Diskussionen und die Ausfüllung vorgegebener Rollen in Pro- und Kontra-Diskussionen wichtig.

Mehrsprachige Schülerinnen und Schüler können in ihren mündlichen Äußerungen durch eine noch nicht dem Standard des Deutschen entsprechende Aussprache und durch die Angst, wegen Grammatik- und Wortfehlern ausgelacht zu werden, behindert werden. Dies gilt vor allem beim Sprechen vor größeren Gruppen. So ist es in allen drei Bereichen üblich, Referate zu vergeben. Hier benötigen Mehrsprachige einerseits genau abgestimmte Unterstützung, andererseits können rhetorische Fähigkeiten geübt werden.

Das Halten von Referaten von Mehrsprachigen sollte auf freiwilliger Basis erfolgen und durch schriftliche und bildliche Materialien gestützt werden. Auch ein Probelauf im kleinen Kreis kann angebracht sein.

1   Textrezeption

In allen drei Bereichen werden bevorzugt Lehrbuchtexte und von den Lehrkräften verfasste Aufgabenstellungen gelesen. Die Texte in den gesellschaftswissenschaftlichen Fächern sind in der Regel von unterschiedlicher Länge und können den Einsatz aller Lesestrategien erfordern, z. B. überfliegendes Lesen bei der Textauswahl, intensives Lesen bei der Quellenrezeption und selektives Lesen bei der Suche nach Einzelinformationen.
Beim Lesen können Mehrsprachige an komplexen Sätzen und unbekannten Wörtern scheitern, dies gilt besonders für Quellen. Andererseits bietet ihnen das Lesen im Gegensatz zum Hören die Möglichkeit, sich ohne besonderen Zeitdruck mit einem an-

spruchsvollen Text zu beschäftigen und aus diesem Wörter und Wendungen in ihren Sprachbesitz zu integrieren.

Lesetexte für Mehrsprachige sollten:
- kurz sein,
- ggf. in viele Abschnitte gegliedert sein,
- deutliche Überschriften und Zwischenüberschriften aufweisen,
- durch Nachfragen unterbrochen werden können,
- durch zusätzliche Medien wie Skizzen unterstützt werden,
- fett gedruckte Schlüsselwörter enthalten,
- mit Markierungen von Bezügen versehen werden.

Außerdem ist es möglich, Lesetexte zu vereinfachen. Hierbei ist allerdings darauf zu achten, dass der fachliche Gehalt und die sprachliche Angemessenheit sowie der Charakter der Quelle erhalten bleibt.

Mögliche Formen der Textentlastung
- Bilder oder Skizzen einfügen
- Zu neuen Wörtern Synonyme aus der Umgangssprache einfügen
- Möglicherweise unbekannte Wörter erläutern und zwar im Text, in Fußnoten, durch Bilder oder durch Übersetzungen

Lesen von Teiltexten
Das Lesen formaler Texte wie Tabellen, Schaubilder und Diagramme kann wie folgt geübt werden:
- Formalen Text ohne Überschrift geben und eine passende suchen lassen
- Diagramme nur mit Überschrift und Daten ohne sonstige Beschriftung geben und diese finden lassen
- Diagramme durch Schülerzeichnungen oder Kollagen in Schaubilder umwandeln
- Verschiedene Darstellungsformen zum gleichen Sachverhalt vergleichen und bewerten

Lesen von Karten
- Karte ohne Überschrift geben und eine passende suchen lassen
- Legende ohne Symbole geben und diese aus der Karte ergänzen lassen, anschließender Abgleich mit dem Original
- Symbole der Legende zeigen und Vermutung zu deren Bedeutung anstellen
- Aufbau von Symbolsystemen ermitteln lassen, Kennzeichnungen für Stadtgrößen
- Einzelne Orte heraussuchen lassen

Mögliche Lesesituationen und -übungen
- Stilles Lesen und Abschreiben, dadurch vollständiges Lesen erzwingen
- In Gruppen lesen, jeder mit einer anderen Leseaufgabe und anschließender Austausch
- Statistiken, Tabellen etc. zunächst ohne Daten geben, raten lassen, worauf die Überschriften passen
- Statistiken, Tabellen etc. zunächst ohne Überschriften geben, raten lassen, worauf die Daten passen
- Statistiken, Tabellen etc. zunächst ohne Maßeinheiten geben, raten lassen, welche Maßeinheiten passen

Weitere Aktivitäten zur Unterstützung des Textverständnisses werden in Teil III aufgezeigt.

2 Textproduktion

In Zusammenhang mit Schreibaufgaben ist zu vermeiden, dass Texte mit sehr vielen Fehlern entstehen, die dann korrigiert werden müssen. Wesentlich motivierender ist es, wenn Mehrsprachige die Hilfen bekommen, die es ihnen erlauben, von Anfang an ermutigende Schreibprodukte zu erstellen. Auch wenn ein solcher, weitgehend korrekter Text zunächst kurz und stilistisch einfach ist, ist die Überarbeitung eines gelungenen Produkts wesentlich leichter als das Nachvollziehen von Fremdkorrekturen. Überarbeitungen in Gruppen, wie Schreibkonferenzen fallen ebenfalls leichter, wenn der Ausgangstext nicht allzu fehlerhaft ist.

Schreiben ist für mehrsprachige Schülerinnen und Schüler besonders wichtig, da es grammatische Richtigkeit verlangt, Hinweise zur Aussprache geben kann und den Wortschatz festigt.

Schreiben kann als Hilfe beim Verstehen und Behalten eingesetzt werden:
- Tagebuch/Logbuch/Pensenheft helfen bei der Festigung der Unterrichtsinhalte und der Fachsprache
- Zu redundanten Texten Erläuterungen und Beispiele finden, fördert die Einbindung erworbenen Wissens in lebenspraktische Zusammenhänge
- Sachaufgaben selbst erfinden
- Lernplakate, Lernkarte anfertigen
- Mindmap, Kärtchentisch gestalten, Beschriften von Zeichnungen etc.
- Portfoliotexte kommentieren
- Eigenes Lexikon mit selbst formulierten Erläuterungen erstellen mit z. B. etymologischen Ableitungen
- Zu Fachwörtern Synonyme und Antonyme schriftlich sammeln, z. B.: Justiz, Gerichtsbarkeit …
- Elemente aus Wortfeldern schriftlich definieren, z. B.: *Revolution, Revolte, Umsturz, Gegenrevolution, Aufstand, Aufbegehren, Widerstand*

Schreiben kann als Hilfe beim Grammatikerwerb dienen:
- Aus Wortketten Sätze bilden
- Ausfüllen von Lückentexten
- Schreiben kann eine Hilfe beim Wortschatzerwerb darstellen: Das Einprägen von Morphem- und Wortbildern fördert deren Wiederkennung in anderen Wörtern

hypo-   UNTER-, ÜBER-

ko -   ZUSAMMEN

Schreiben kann die Aussprache korrigieren. Bei Ausspracheunsicherheiten können Zusammenhänge zwischen seltenen Schreibweisen und deren Lautung ermittelt werden:
<y> => meistens/ü/   Mysterium, hybrid, Hypothek,

Schreiben von Teiltexten
Das Erstellen formaler Texte wie Tabellen, Schaubilder und Diagramme dient zunächst der Fähigkeit, solche Texte zu lesen, baut bei Vergleichen Kritikfähigkeit auf und kann beim Verfassen eigener Texte, wie Referate, angewendet werden.

Selbstständiges Verfassen solcher Texte kann wie folgt geübt werden:
- Zu einem Datensatz verschiedene Diagrammformen (Säulen-, Balken-, Kreisdiaramm) erstellen und vergleichen
- Aus einem Text eine Tabelle ableiten und ggf. Daten vervollständigen
- Bildmaterial zu einem Datensatz in Gruppen anfertigen und vergleichen

Gestalten von Karten
- Karte für einen bestimmten Zweck verfassen (z. B. von der Schule zum Museum etc.)
- Während oder nach einem Erkundungsgang eine Karte hierzu erstellen lassen
- Eine fehlerhafte Karte verbessern (falsche oder fehlende Symbole korrigieren)
- Eine historische Karte zu einem Ereignis (z. B. Schlacht bei Salamis, Eisenbahnbau in Amerika, Wohnorte jüdischer Bevölkerung in verschiedenen Städten) nachempfinden
- Eine Karte aus einem Zeitungsartikel ableiten (z. B. zu Wirtschaftsdaten, Bodenschätzen, Freizeitmöglichkeiten)

3   Wortschatzarbeit

Die Wortschatzarbeit sollte motivierend sein. Allerdings ist die Auswahl der Wörter durch die Unterrichtsthemen relativ festgelegt und es handelt sich oft um Wörter, die Schülerinnen und Schüler nicht unbedingt spontan ansprechen, z. B. *Schmalkaldischer Bund, Westwindgürtel, Niedriglohnsektor*. Die Wahl der methodischen Verfahren kann aber motivierende Faktoren wie Bildmaterial, konkrete Beispiele oder Bezüge zum heutigen Alltagsleben einbinden. Außerdem sind bei schwächeren Schülerinnen und Schülern Wettkampfsituationen zu vermeiden. Mehrsprachige sollten nicht gezwungen werden, Wörter zu verwenden, deren Aussprache ihnen nicht klar ist. Es können Arbeitsformen gewählt werden, die Selbstkontrolle zulassen und somit Bloßstellungen vermeiden. Weiter ist darauf zu achten, dass die methodischen Verfahren kognitiv angemessen sind, also das Weltwissen der Schülerinnen und Schüler weder unter- noch überfordern. Für Mehrsprachige ist die sprachliche Angemessenheit besonders wichtig, so sollten Erläuterungen zu neuen Wörtern keine Wörter enthalten, die ihrerseits unbekannt sind. Auch ist hier zu berücksichtigen, dass jedes neue Wort das Tor zu weiteren Wörtern darstellt, indem es in Ableitungen und Komposita eingeht. Mehrsprachige müssen in der flexiblen An-

wendung besonders unterstützt werden, da sie oft mit Um- und Ablauten wenig vertraut sind und bei stilistischen Nuancen unsicher sein können. Ob umgelautet wird oder nicht, ist oft schwer abzusehen, wenn das Wort in andere Wortarten transferiert wird.

Lohn → lohnen, Lohnkosten, löhnen, Löhnung =/= Löhnkosten, Löhnungssteuer etc.
Nur selten kann die Interpretation von Ab- und Umlauten in die Irre führen.

Bartholomäus kommt nicht von *Maus.*

Ärmelkanal kommt nicht von *arm.*

Bütte kommt nicht von *Butt.*

Um Transfer anzuregen, müssen die Wörter oftmals in ihre Teile zerlegt werden. Des Weiteren sollte die Wortschatzarbeit eine möglichst selbstständige Erschließung neuer Wortinhalte anregen. In Anbetracht der Tatsache, dass ca. 70 % des Wortschatzbesitzes eines Menschen nicht explizit vermittelt ist, zeigt sich, dass die Einübung eines aktiven Angangs an neue Wörter eine Grundlage für den Erwerb eines umfangreichen Gesamtwortschatzes ist.

Woher könnte das Wort *Lobbyismus* kommen?

Wie ist das Wort *Recycling* zusammengesetzt?

Was unterscheidet die Wörter *Atomkraft* und *Kernkraft*?

Aus welchen Teilen besteht *sanieren*?

Eine direkte Verwertbarkeit neuen Wortschatzes stellt sicher, dass die neuen Wörter sofort in Gebrauch genommen und somit behalten werden. „Auf Halde" gelernte Wörter werden schnell wieder vergessen.

Eine Voraussetzung hierfür ist, dass die grammatischen Eigenschaften der Wörter bekannt sind (z.B. das Genus der Nomen und der Plural). Sonst lassen sie sich nicht in Sätze einbinden.

Teilschritte der Wortschatzarbeit

Der Fachwortschatz der Gesellschaftswissenschaften bildet innerhalb einzelner Themen Wortfelder. In den einzelnen Gegenständen ist der Wortschatz dagegen oft recht unterschiedlich. Als Vorarbeit ist daher eine Auswahl der Wörter zu treffen, die den Kernbereich abbilden, sowie ggf. ein erweiternder Wortschatz. Die anschließende Wortschatzarbeit umfasst mehrere Teilschritte, z.B.:

1. Semantisieren: die Bedeutung erklären, *siedeln = wohnen*
2. Analysieren: *be-sied-eln, an-sied-eln, Sied-ler, Sied-lung*
3. Anwenden: Wörter hören und lesen, sprechen und schreiben
4. Hierarchisieren: *erschließen, entwässern besiedeln, eindeichen*
5. Wortfeld bilden: *siedeln, wohnen, hausen, zu Hause sein*
6. Explorieren: Wörter in anderen Bedeutungsfeldern entdecken, *Bakterienansiedlung*
7. Wiederholen: Wörter in einem Spiralcurriculum immer wieder anwenden

Diese Teilschritte werden im Folgenden näher ausgeführt.

Wortschatzarbeit setzt eine positive Spirale in Bewegung. Eine sorgfältige Bedeutungsbeilegung (Semantisierung) sichert das Erstverständnis. Der weitere Gebrauch von Fachwörtern vertieft das Verstehen und die angelagerten Assoziationsfelder machen die Verständigung über fachliche Inhalte und Fragen möglich.

Einmal Verstandenes, aber wieder abgesunkenes Wissen, lässt sich leicht wieder aktivieren, wenn es angemessen semantisiert wurde. Es ist allerdings davon auszugehen, dass einige Gegenstände von manchen Schülerinnen und Schülern nicht oder nur ansatzweise verstanden werden, so dass der Wiederabruf und der Aufbau neuen Wissens problematisch wird.

zu 1. Semantisierung

Semantisierungsmethoden unter Einbezug von Dingen:
- Gegenstände Wörtern zuordnen lassen
- Gegenstände sortieren, beschriften

Semantisierungsmethoden unter Einbezug von Bildern:
- Wort-Bildkarten zeigen, ggf. Vor- und Nachsprechen des Wortes
- Vokabelfalter mit Bildern
- Kärtchen mit Wort und Bild auf der Rückseite zur Partnerabfrage
- Zuordnungsübungen mit Kärtchen: Wort zu Bild, Bild zu Wort
- Lernkartei mit Bildern, kann später qualitativ erweitert werden
- Skizzen und Bilder beschriften
- Zu Wörtern selbst zeichnen
- Bilddetails betrachten und Vermutungen zum Gesamtbild anstellen
- Bestimmte Bilddetails heraussuchen und Interpretieren: Farben, Orden, Kleidung, Gebäude, Körperhaltungen, Bildaufbau
- Alter einer Abbildung vermuten und begründen
- Bildthemen Epochen zuordnen

Semantisierungsmethoden mit dem Schwerpunkt Sprache:
- Zweisprachige Vokabelliste
- Wörterbuchverwendung
- Bedeutungssuche auf dem PC oder dem Handy
- Wortfelder zusammentragen
- Wörterplakat anfertigen
- Karteiarbeit

zu 2. Analysieren

Die Wortanalyse umfasst den Wortkörper und die grammatischen Eigenschaften des neuen Wortes.

Hier werden Wörter in ihre Bestandteile zerlegt. Da in den Gesellschaftswissenschaften einfache Wörter eher selten vorkommen, ist es besonders wichtig, die häufigen Prä- und Suffixe sowie Stämme zu verdeutlichen. Sie kehren in andern Wörtern wieder und diese können dann von den Schülerinnen und Schülern selbstständig erschlossen werden.

zu 4. Hierarchisieren

Eine Hierarchisierung kann unter wortformalen und fachlichen Aspekten erfolgen

a) Hierarchisierung unter wortformalen Aspekten

Alle Wörter zu einem Thema sammeln und ordnen:
- nach Stammumlaut
- nach den Präfixen: *Geografie, Geograf, Geometrie, Geopolitik, Geodreieck, Geodäsie* (Vermessungskunde), *Geomantik* (Handlesekunst)
- nach Suffixen: *Kommunismus, Sozialismus, Kapitalismus*
- nach dem Wortstamm: *gut, das Gut, der Gutsherr, Güte, Rechtsgüter*
- Nomen nach Plural: *Ergebnisse, Erlebnisse, Hemmnisse, Erschwernisse*
- nach Artikel: *die Skala, die Taiga, die Razzia, die Propaganda*
- Verben nach dem Fall, den sie regieren, z. B.:
  + Dativ: *helfen, gebieten, gehorchen, entsprechen* (Diese Verben verlangen immer den Dativ. Beispiel: Sie *hilft dem Schüler*); + Akkusativ: *sehen, hören, nehmen, wählen*

b) Hierarchisierung unter fachlichen Aspekten
- Mit Kärtchen (mit Bildern und Wörtern) Hierarchien und Reihenfolgen auslegen, z. B. bei Maßen und Gewichten
- Kartensymbole auf Kärtchen übertragen und beschriften
- Alle Wörter zu einem Thema sammeln wie z. B.

Akteure	Prozesse und Ergebnisse	
Arbeitnehmer	Warnstreik	Lohnforderung
Gewerkschaft	Lohnverhandlung	Tarifvertrag
Arbeitgeber	Urabstimmung	Erklärung des Scheiterns
Unternehmer	Streik	Streikaufruf
Unternehmerverband	Erste Schlichtung	Aussperrung
Schlichter	Tarifkonflikt	Zweite Schlichtung

- Wörtersammlung unter fachlichen Gesichtspunkten ordnen, in ein Flussdiagramm bringen etc.

zu 6. Explorieren

Viele Wörter können in anderen Zusammenhängen wiedergefunden werden. So in Zeitungen, in anderen Schulbüchern und in fremden Sprachen. Beschäftigt man sich hiermit, wird der Geltungsbereich eines neuen Wortes deutlich und das Assoziationsfeld erweitert. *Lobby* – Assoziation: Wandelhalle vor dem Plenarsaal und dortige Gespräche zwischen Abgeordneten und Interessensvertretern.

zu 7. Wiederholen

Die Wiederholung von Inhalten und Wörtern steht meist in Zusammenhang mit der Vorbereitung von Leistungserhebungen oder der Erarbeitung neuer Gegenstände, die auf das zu Wiederholende aufbauen. Sie kann durch den Rückgriff auf Schulbücher und auf eigene Notizen erfolgen. Letzteres ist besonders effektiv, da persönlich Festgehaltenes einen guten Zugriff auf den zurückliegenden individuellen Prozess des Verstehens ermöglicht. Hierzu kann ein Merkheft, Portfolio oder Lerntagebuch geführt werden.

III. Praktische Beispiele

Die oben genannten sprachlichen Teilfähigkeiten und Aspekte wurden zwar hier isoliert betrachtet und beschrieben. Aber im Unterricht spielen sie alle eine Rolle. Deshalb wird in den folgenden Kapiteln aufgezeigt, wie man vorgehen kann, wenn man einen Darstellungstext, einen Quellentext, eine Karte und eine Grafik im Unterricht einsetzt, um insbesondere die mehrsprachigen Schülerinnen und Schüler zu unterstützen.

1 Der Einsatz eines Darstellungstextes

Darstellungstexte sind neben Quellentexten und grafischen Darstellungen sowie Abbildungen häufig gebrauchte Textarten im Gesellschaftslehreunterricht. Darstellungstexte (auch Autoren- oder Informationstexte genannt) nehmen in vielen Schulbüchern einen großen Raum ein. Sie stellen aus der Perspektive des Autors wesentliche Aspekte zu einem Thema zusammen und werden so selber zum Teil von Interpretation. Neben dem Wissen über die Subjektivität dieser Texte brauchen Schülerinnen und Schüler sprachliches Wissen, um Inhalte zu verstehen und so im weiteren Schritt den spezifischen Blick des Textes erkennen zu können.
Hier soll an einem authentischen Text aus einem Schulbuch exemplarisch aufgezeigt werden, wie man einen Darstellungstext im Unterricht einsetzen kann. Die Quelle des Beispieltextes ist:

Berger-von der Heide (Hrsg.) (2013): Menschen Zeiten Räume 3. Arbeitsbuch für Gesellschaftslehre. Berlin: Cornelsen Schulverlage, S. 140 f.

1.1 Welches sprachliche Wissen müssen die Schülerinnen und Schüler für das Verständnis des Textes mitbringen?

Bevor man einen Darstellungstext im Unterricht einsetzt, sollte man sich die sprachlichen Merkmale des Textes anschauen bzw. diese analysieren.

Der Fachtext „Wirtschaftsraum Europa" (s. KV 2, S. 32) weist folgende Merkmale auf der Wort-, Satz- und Textebene auf, die insbesondere den mehrsprachigen Schülerinnen und Schülern sowie den (lese-)schwachen Schülerinnen und Schülern mit Deutsch als Erstsprache Probleme bereiten können.

Merkmale auf der Wortebene

Phänomen	Beispiele
fachsprachliche Komposita, Mehrwortkomplexe	*Wirtschaftshilfe, wirtschaftlich-technische Zusammenarbeit, Weltmarkt, Sowjetunion, Handelspartner, Qualitätssteigerung, Planwirtschaft, Wirtschaftswachstum, Produktionsstrukturen, Industrieländer, Lebensstandard*
abgeleitete Wörter:	
abgeleitete Nomen (Nominalisierungen)	*Förderung, Abhängigkeit, Abschottung, Modernisierung, Erzeugnisse, Beschleunigung, Bevölkerung, Entwicklungen*
abgeleitete Adjektive	*rückständig, überwiegend, unzureichend, vorrangig, weitgehend, angestrebt, schwerfällig, rückläufig*
Partikelverben	*stattfinden, auflösen*
Präfixverben	*gehören, verwirklichen, entwickeln, herstellen*

abstrakte Fachwörter und Fachwörter, die auch innerhalb des Fachs je nach ideologischem und gesellschaftlichem Zusammenhang eine andere Bedeutung haben	*„vereinigter Markt"*
Entlehnungen von Fachwörtern und Wortelementen aus anderen Sprachen	*quantitativ, Qualität, stagnieren, dominieren*
Abkürzungen	*RGW, GUS, COMECON*

Die Beispiele zeigen, dass sich im Text viele fachsprachliche Komposita bzw. Mehrwortkomplexe befinden. Diese bedürfen oft der Klärung, weil die Wortbestandteile zwar häufig bekannt sind, ihren Aussagewert in der Kombination aber verändern. Will man sie aus den Grundbestandteilen erschließen, stößt man schnell an Grenzen. Denn so genau, wie es zunächst scheint, ist die Komposition gar nicht: Bedeutet „Wirtschaftshilfe", dass der Wirtschaft geholfen wird oder dass die Wirtschaft jemandem hilft?

Auch den abgeleiteten Wörtern gilt ein besonderes Augenmerk, wie am Beispiel der Präfix- und Partikelverben gezeigt werden soll: Während bei Präfixverben die Vorsilbe untrennbar ist, wird sie bei den Partikelverben im Satz oft abgetrennt und an einer anderen Stelle als der Rest des Verbes positioniert. Um die Bedeutung eines Satzes erschließen zu können, muss der Leser wissen, ob er an anderer Stelle im Satz nach der Vorsilbe eines Verbs suchen muss:

„Mit dem Ende des planwirtschaftlichen Systems löste sich der RGW 1991 auf." Es ist semantisch ein wesentlicher Unterschied, ob sich der RGW löste oder ob er sich auflöste.

Merkmale auf der Satzebene

Phänomen	Beispiele
Attribuierungen: Linksattribuierungen	*in M1 gekennzeichnete Länder; die im RGW zusammengeschlossenen Länder; wirtschaftlich rückständige Staaten; weitgehende Abschottung; größte Handelspartner; quantitatives (mengenmäßiges) Wachstum; manche Erzeugnisse; schwerfällige Planwirtschaften; moderne Produktionsstrukturen; westliche Industrieländer; rückläufige Entwicklungen*
Rechtsattribuierungen	*Rat für Gegenseitige Wirtschaftshilfe; Förderung der wirtschaftlichen und wissenschaftlich-technischen Zusammenarbeit; Ziele des RGW; Zwang zur Modernisierung und zur Qualitätssteigerung; Probleme in der Zusammenarbeit, Beschleunigung des Wirtschaftswachstums, Lebensstandard der Bevölkerung, Ende des planwirtschaftlichen Systems, Gemeinschaft unabhängiger Staaten, Nachfolger des RGW*
Links- und Rechtsattribuierungen	*starke Abhängigkeit der kleinen RGW-Länder; gesicherter Absatz aller Produkte*

unpersönliche Formen (Passivformulierungen und Passivumschreibungen)	... wurde gegründet, ... konnten nur zum Teil verwirklicht werden, es entwickelte sich ..., ... wurden ... hergestellt, ... kam es sogar zu ...
häufige Verwendung des Imperfekts/Präteritums und des Konjunktivs	Sie waren der Meinung, dass der Staat sparen müsse, da er hoch verschuldet sei.

Auf der Satzebene fällt die lange Liste der Attribuierungen auf. Attribute dienen dazu, Informationen zu verdichten, indem sie einem Grundwort weitere Eigenschaften zuweisen. Diese Informationen muss der Leser entschlüsseln können. Dazu muss ihm bekannt sein, wo das Grundwort mit der Hauptaussage und wo das oder die Bezugswörter zu finden sind. Die Informationen, die das Grundwort präzisieren, können dabei sowohl auf seiner rechten als auch auf seiner linken Seite stehen. Wie im theoretischen Teil ausgeführt, fällt den mehrsprachigen Schülerinnen und Schülern schwer, das Bezugswort/den Kern zu identifizieren.

Im Text kommen außerdem einige Passivformen vor. Die Passivformulierungen zeigen die handelnde Person nicht an und können möglicherweise dadurch zum Nichtverstehen führen.

Konjunktivformulierungen werden in der gesprochenen Sprache inzwischen seltener benutzt oder durch „würde"-Formulierungen ersetzt. In der geschriebenen Sprache tauchen sie aber nach wie vor in der korrekten Form auf. Deshalb müssen solche Strukturen geklärt werden. Dazu gehört auch der Aussagewert solcher Konjunktivformulierungen: Drücken sie aus, dass jemand anderes etwas gesagt hat? Wird dadurch eine Möglichkeit gekennzeichnet? usw.

Merkmale auf der Textebene

Phänomen	Beispiele
Pro-Formen, die auf Satzteile oder ganze Sätze verweisen	ihm, wobei
häufig unklare Textstruktur mit verschiedenen Elementen in wechselnder Reihenfolge und gemischt (Hauptthesen, Begründungen, Erläuterungen, Beispiele, Nebengedanken, Exkurse usw.)	Bei weitgehender Abschottung vom Weltmarkt fand der Handel fast ausschließlich innerhalb der RGW statt, wobei die Sowjetunion mit Abstand der größte Handelspartner war.

Auch auf der Textebene zeigen sich unterschiedliche Strukturen. Beispielsweise erscheint die Struktur des Textes auf den ersten Blick durch die Verwendung von Jahreszahlen in chronologischer Reihenfolge zugänglich und klar. Allerdings kann durch die komplexe Textstruktur mit verschiedenen Elementen wie Hauptthese, Erklärung, Nebengedanken oder Beispielen das Entschlüsseln der Textaussage erschwert werden. Folglich müssten Schülerinnen und Schüler auch auf der Textebene auf Strukturen vorbereitet werden, die über Verweise die Textstruktur zusammenhalten. So wäre beispielsweise die Bedeutung von „wobei" in dem nachfolgenden Satz zu klären: „Bei weitgehender Abschottung vom Weltmarkt fand der Handel fast ausschließlich innerhalb der RGW statt, wobei die Sowjetunion mit Abstand der größte

Handelspartner war." Wobei wird häufig gebraucht als Fragewort oder als Einwand. In diesem Beispiel allerdings wird es als Einleitung eines Relativsatzes verwendet. Es verweist auf ein vorhergehendes Nomen, hier also auf die RGW, deren größter Handelspartner dadurch spezifiziert wird.

Ein weiteres Merkmal auf der Textebene stellen unter anderem die Verweisstrukturen über Pro-Formen dar. In diesem Text finden sich verhältnismäßig wenig Verweise über Pro-Formen, dies variiert aber in den Texten des Gesellschaftslehreunterrichts. Für die Schülerinnen und Schülern ist es wichtig zu wissen, dass ein Wort durch ein anderes wieder aufgenommen werden kann und der Bezug, auch über die Satzgrenze hinaus, über den gemeinsamen Kasus

und das Genus gefunden werden kann. Das Auffinden des Zusammenhangs zwischen Proform und
Bezugswort ist für Mehrsprachige, wie im ersten Teil
dargestellt, oftmals erschwert, wenn das Genus des
Bezugsnomens nicht bekannt ist.

1.2 Didaktisch-methodische Hinweise und Übungsvorschläge

Bei den nachfolgenden Hinweisen zur Didaktisie-
rung finden Sie Hinweise zum Mehrwert einzelner
Aufgaben, insbesondere für mehrsprachige Schülerinnen und Schüler. Auch für einsprachige Lernen-
de kann die Thematisierung einzelner Phänomene
durch die vorgestellten Übungen eine Unterstützung
im Sinne eines sprachsensiblen Fachunterrichts darstellen. Es soll bei den folgenden Aufgaben und
Übungen darum gehen, Hilfen für alle Schülerinnen
und Schüler unter Berücksichtigung von Mehr-
sprachigkeit zu bieten, um das fachliche Lernen
sprachlich zugänglich zu machen.

Das Verständnis von Texten kann vor, während und
nach dem Lesen unterstützt werden. Dabei können
Lesestrategien helfen. Vor dem Lesen können Sie
z. B. Vorwissen aktivieren und so auf den Text vorbereiten. Der Einsatz von Lesestrategien während
des Lesens soll wiederum die Auseinandersetzung
mit dem Inhalt des Textes anregen und unterstützen. Dabei nimmt man an, dass es mehrere Lese-
vorgänge gibt, die zu einem immer tieferen Textverständnis führen sollen. Im Anschluss an das
eigentliche Textlesen schließt sich in der Regel eine
Reflexionsphase an, in der das aus dem Text ent-
nommene (neue) Wissen weiterverarbeitet wird.
Auch in dieser Phase können Lesestrategien die Weiterarbeit unterstützen. Die nachfolgenden Übungsvorschläge und Aufgaben berücksichtigen diese drei
Phasen. Da es für jede Phase mehrere geeignete

Übungen gibt, werden hier einige Übungsvorschläge
gemacht, um verschiedene Möglichkeiten aufzuzeigen. Auf den Kopiervorlagen ist jedoch für jede Phase nur eine Übung zu finden.

1. Vor dem Lesen

Die nachfolgenden Lesestrategien berücksichtigen
insbesondere sprachliche Phänomene auf der
Wortebene. Weitere Phänomene werden in den
nachfolgenden Kapiteln aufgenommen und fort-
geführt.

Übungsvorschlag 1: Mitgebrachte Konzepte und Schülervorstellungen zum Thema aktivieren (KV 1)
Für diese Übung ist es zunächst nötig, einen oder
mehrere für den Inhalt des Textes wesentliche Begriffe auszuwählen. In diesem Fall handelt es sich
um den Begriff „Wirtschaftsraum". Er ist entscheidend für das Textverständnis. Es handelt sich dabei
um ein sehr komplexes Wort, da es ein zusammen-
gesetztes Nomen ist, hinter dem ein Fachkonzept
steht. Um den ersten Zugang zu dem komplexen
Wort zu ermöglichen, kann zunächst von den beiden Komponenten ausgegangen werden, die der Begriff beinhaltet: Wirtschaft und Raum. Die Schülerinnen und Schüler können nach diesen
Einzelbegriffen gefragt werden:

Was verbindet ihr mit dem Begriff *Wirtschaft*?

Was verbindet ihr mit dem Begriff *Raum*?

Die Schülerinnen und Schüler werden für die Antworten vermutlich zunächst auf ihr Alltagswissen
zurückgreifen und darüber ihre subjektiven Konzepte realisieren, was die beiden Begriffe für sie
bedeuten. Die Antworten zu den Teilbegriffen
können zunächst geclustert werden.

Was verbindet ihr mit dem Begriff Wirtschaft?

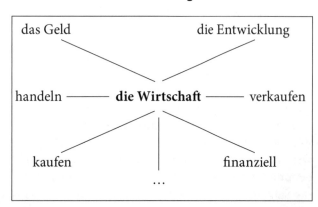

Was verbindet ihr mit dem Begriff Raum?

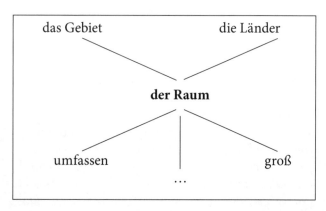

Was verbindest du mit dem Begriff Wirtschaftsraum?

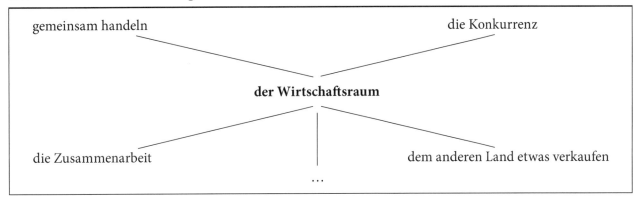

Für Mehrsprachige kann diese Übung besonders ergiebig sein, da ein Wort, dessen Bedeutung noch unklar sein kann, eingehend semantisiert und dem passenden Fachkontext zugeordnet wird.

Übungsvorschlag 2: Über die Überschrift fachliches Vorwissen zum Darstellungstext aktivieren (KV 1)

In Fachtexten geben Überschriften ersten Aufschluss über ihren Inhalt. Dies ist ein Unterschied zu anderen Textsorten, wie etwa manchen journalistischen oder literarischen Texten.

Daher kann das Vorwissen auch über die Überschrift „Wirtschaftsraum Europa" aktiviert werden.

In diesem Beispiel kann je nach Lerngruppe entweder der Begriff „Wirtschaftraum" oder die gesamte Überschrift „Wirtschaftsraum Europa" als Ausgangspunkt für eine Mindmap verwendet werden, um an das Vorwissen der Schülerinnen und Schülern anzuknüpfen (im Unterschied zu Übung 1 geht es hier um fachliches Vorwissen und nicht um mitgebrachte Vorstellungen, die festgehalten werden).

Wichtig: Die Mindmap berücksichtigt neben Nomen auch fachspezifische Verben und Adjektive, die z. B. die Nomen in Beziehung setzen oder näher erläutern (dies ist zum Beispiel möglich, wenn über die Überschrift an die letzten Stunden angeknüpft werden kann).

Variante: statt einer Mindmap kann das Vorwissen auch geclustert werden. Dadurch können Strukturen auf der Satzebene berücksichtigt werden, wie z. B. Attribuierungen.

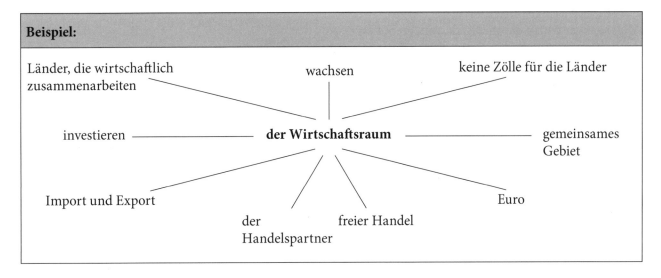

Eine solche Übung ermöglicht auch den Einbezug der Erstsprachen: Mehrsprachige können für diesen Begriff eine Übersetzung suchen oder das gesamte Begriffsfeld übersetzen und so eine Vernetzung des Wortschatzes in Deutsch und in der Muttersprache herstellen.

Eine solche zweisprachige Mindmap könnte auch für die deutschsprachigen Schülerinnen und Schüler Anlass zu interessanten sprachlichen Beobachtungen sein.

Ein Beispiel aus dem Türkischen:

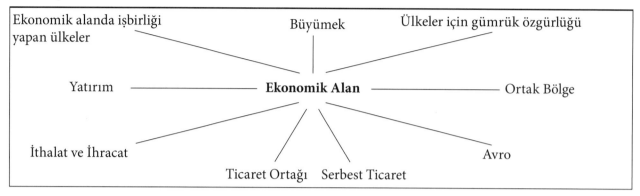

Eine solche Übung bietet anschließend weiterhin die sprachkontrastive Reflexion über sprachliche Strukturen. Dabei können z. B. folgende Sprachstrukturen miteinander verglichen werden:

- Nomen: Im Vergleich zum Deutschen werden im Türkischen Nomen kleingeschrieben. Ausnahmen bilden Eigen- und Sondernamen.
- Artikel: Das Türkische kennt keinen bestimmten Artikel (der, die das) und das grammatische Geschlecht (Genus) wird nicht differenziert. Das Türkische greift dafür auf bestimmte Wortbildungsstrategien und lexikalische Mittel zurück. Wenn Sie im Einzelnen wissen möchten, wie dies funktioniert, können Sie hier nachlesen: Gürsoy, Erkan (2010): Sprachbeschreibung Türkisch, online zugänglich unter: https://www.uni-due.de/imperia/md/content/prodaz/sprachbeschreibung_tuerkisch.pdf

2 Während des Lesens

Allgemein geht man davon aus, dass mehrere Lesedurchgänge zu einem immer vertiefteren Textverständnis führen. Dafür muss den Schülerinnen und Schülern Zeit eingeräumt werden. Um den Text besser zu verstehen, kann man die Schülerinnen und Schüler während der Lesephase durch verschiedene Übungen unterstützen.

Damit sind auch Übungen gemeint, die sich direkt an das Lesen anschließen. Da solche Übungen auf inhaltliches Textverständnis abzielen, zählt man sie zur Phase „während des Lesens".

Zu solchen Übungen gehören häufig inhaltliche Fragen zum Text oder Lückentexte, die auch während der Lesezeit bearbeitet werden können und sie so auflockern. Die nachfolgenden Übungen gehen auf für diesen und darüber hinaus viele Fachtexte bedeutsame grammatische Strukturen ein.

Übungsvorschlag 1: Umgang mit Mehrwortkomplexen (KV 1)

Wenn Schülerinnen und Schüler nicht an längere Komposita gewöhnt sind, besteht die Gefahr, dass sie nur einzelne Wortteile in ihr Textverständnis einbeziehen. Daher ist es für sie wichtig, die Segmentierung zu üben und sich über die Gesamtbedeutung klar zu werden.

Unterstreiche folgende Wörter im Text:
die Wirtschaftshilfe, wirtschaftlich-technische Zusammenarbeit, Weltmarkt, Sowjetunion, Handelspartner, Qualitätssteigerung, Planwirtschaft, Wirtschaftswachstum, Produktionsstrukturen, Industrieländer, Lebensstandard

Hinter diesen Wörtern verstecken sich mindestens zwei Wörter, die zu einem neuen Wort zusammengesetzt werden.

Beispiel: die Wirtschaft + die Hilfe = die Wirtschaftshilfe

Oft handelt es sich dabei um Nomen, aber auch Verben und Adjektive können zusammengesetzt werden, z. B.: die Hand + arbeiten = handarbeiten (Verb) oder der Nagel + neu = nagelneu (Adjektiv).

Nicht immer kann man aus den Bedeutungen der einzelnen Wörter die Bedeutung des neuen zusammengesetzten Wortes ableiten. Manchmal verändern sich die Bedeutungen. Deshalb ist es wichtig, dass du die Bedeutung zusammengesetzter Wörter, die du nicht kennst, nachschaust.

Tipp:

Der Artikel eines zusammengesetzten Nomens richtet sich in der Regel nach dem letzten Teilwort.

Beispiel: die Welt + der Markt = der Weltmarkt

Übungsvorschlag 2: Partikelverben erkennen und richtig verstehen (KV 2)

Für diese Übung ist es nötig, den Schülerinnen und Schülern zunächst ein Beispiel (z. B. aus dem eingesetzten Text) zu geben, um so die dahinterstehende Struktur zu erkennen.

Beispiel für ein Partikelverb (trennbares Verb)

„Bei weitgehender Abschottung vom Weltmarkt

<u>fand</u> der Handel fast ausschließlich innerhalb der RGW <u>statt</u> […].“

→ <u>stattfinden</u>

Bei manchen Verben trennt sich im Hauptsatz die Vorsilbe ab, wie im Beispiel oben. Die Vorsilbe wird dann an das Ende des Satzes geschoben. Das eigentliche (konjugierte) Verb steht weiter vorne im Satz.*

Im Nebensatz bleiben Partikel und Verb zusammen:

„Man schottete sich weitgehend vom Weltmarkt ab,

da der Handel ausschließlich innerhalb der RGW <u>stattfand</u>.“

Um den richtigen Sinn des Satzes zu erfassen, ist es wichtig zu überprüfen, ob es eine Vorsilbe gibt, die zum Verb gehört:

Bedeutungsunterschiede von *finden* und *stattfinden*:

– *finden* bedeutet, etwas, was verloren gegangen ist, wiederzubekommen

– *stattfinden* bedeutet, dass sich etwas ereignet oder etwas erfolgt

*Hinweis: Hier kann die Lehrperson je nach Lerngruppe auch den Begriff der Verbklammer nutzen. Das Partikelverb folgt dem Subjekt und umklammert weiterführende Informationen.

Anschließend können die Schülerinnen und Schüler den Text auf Partikelverben durchsuchen. Diese können unterstrichen werden. Es sollte immer auch ihre Bedeutung geklärt werden (z. B. im Lehrer-Schüler-Gespräch oder durch eine kleine Rechercheaufgabe etwa mithilfe von Lexika o. ä.), um die inhaltsspezifischen Partikelverben in einen sinnbildenden Zusammenhang zu setzen.
Diese Übung kann insbesondere Mehrsprachige darin üben, auf abgetrennte Verbteile zu achten, die sie aufgrund abweichender sprachlicher Strukturen aus den Erstsprachen ggf. übersehen oder falsch interpretieren. Gleichzeitig wird mit einer solchen Übung für alle Schülerinnen und Schüler ein häufig auftretendes Merkmal von Fach- und Bildungssprache (trennbare Verben) trainiert.

Übungsvorschlag 3: Attribuierungen erkennen und richtig verstehen (KV 2)

Im Text ist eine Vielzahl von Attribuierungen zu finden. Diese können gerade für Mehrsprachige eine Hürde darstellen. Um den Text inhaltlich verstehen zu können, ist es daher wichtig, die Struktur der Attribuierungen zu klären. Dabei gibt es immer ein Grundwort, das die Hauptaussage trägt und das durch die dazugehörigen Attribute näher oder genauer erklärt wird. Diese Struktur sollte auch den Schülerinnen und Schülern verdeutlicht werden.

Wo können sich Attribuierungen befinden?

a) Die nähere Bestimmung kann auf der linken Seite stehen:

„wirtschaftlich rückständige **Staaten**“: das Nomen ist das Grundwort, es wird durch die auf der linken Seite stehenden Adjektive näher bestimmt.

b) Die nähere Bestimmung kann auch auf der rechten Seite stehen:
1. „**Rat** für Gegenseitige Wirtschaftshilfe“
2. „**Ziele** des RGW“

Die nähere Bestimmung schließt sich also an das Nomen an. Häufig werden Grundwort und Attribute wie im ersten Beispiel durch eine Präposition oder wie im zweiten Beispiel durch ein Genitivattribut verbunden.

c) Im dritten Fall wird das Nomen von Attributen auf der linken und rechten Seite eingerahmt.
„*starke* **Abhängigkeit** *der kleinen RGW-Länder*“

Das Adjektiv befindet sich auf der linken Seite und bestimmt in diesem Beispiel die Stärke der Abhängigkeit. Auf der rechten Seite schließt sich wieder ein Genitivattribut an, das beschreibt, wer sich in der Abhängigkeit befindet.

Um diese Strukturen zu üben, kann mit einem Puzzle gearbeitet werden.

Dazu werden Attribuierungen und Grundwort in verschiedene Puzzleteile zerlegt. Sie können dann durch die Schülerinnen und Schüler zusammengefügt werden. Grundlage kann der Text sein.

Als weitere Aufgabe kann man den Schülerinnen und Schülern zeigen, dass solche Attribuierungen im Deutschen als Nebensatz umgeformt werden können. Darüber können sie für das Grundwort als Träger der Hauptinformation sensibilisiert werden.

Sie können dann selbstständig solche Umformungen vornehmen. Hier sollte unbedingt im Unterrichtsgespräch thematisiert werden, inwiefern solche Umformungen den Schülern beim Textverständnis helfen können. Die Lerner können so sensibilisiert werden, dass das das Grundwort vor dem Nebensatz steht, der Nebensatz also das Grundwort näher erläutert.

z. B.: „*wirtschaftlich rückständige* **Staaten**“ → **Staaten**, die wirtschaftlich rückständig sind

Hinweise: Neben der Arbeit an den Strukturen sollte an jeder Stelle auch der Inhalt der einzelnen Attribuierungen erschlossen werden.

3 Nach dem Lesen

Das Lesen von Texten stellt im Fachunterricht keinen Selbstzweck dar, das Gelesene wird immer auch weiterverarbeitet. Diese Verarbeitung kann in den einzelnen Fachdisziplinen unterschiedlich aussehen. In den Teildisziplinen der Gesellschaftslehre bieten Texte z. B. häufig einen Anlass zur Reflexion, das neu erworbene Wissen kann so durchdacht werden. Diese Phase der Weiterverarbeitung des Gelesenen kann durch den Einsatz von Lesestrategien unterstützt werden.

Insbesondere für Mehrsprachige bieten die Anschlussaktivitäten die Möglichkeit der Sicherung neu erworbener Wörter und ihrer grammatischen Eigenschaften.

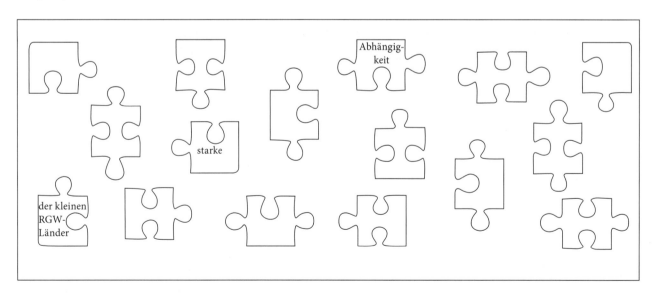

Übungsvorschlag 1:

Schlüsse ziehen/Schlussfolgern (KV 3)

Der Text stellt die wirtschaftlichen Bedingungen der RGW und GUS dar, aus denen keine Entwicklungen schlussgefolgert werden. Mit dieser Übung können die Schülerinnen und Schüler dem Text entsprechende Informationen entnehmen und eine Schlussfolgerung zu den Folgen eines fehlenden „Zwangs zur Modernisierung und zur Qualitätssteigerung" am Beispiel der Automobilindustrie formulieren. Hierbei können die Lerner auf die Formulierungen zurückgreifen, die für das Schlussfolgern als sprachliche Handlung notwendig sind.

Aufgaben dazu befinden sich auf KV 3.

Schülerinnen und Schülern, die sprachlich stärker angeleitet werden müssen, können die Satzteile angeboten werden. Hier kann auch in einer Partnerarbeit mit lautem Vorlesen gearbeitet werden: der erste Satzteil wird laut vorgelesen, der zweite gemeinsam gesucht, wodurch sich die angebotenen elaborierten Sprachstrukturen festigen können.

Übungsvorschlag 2:

Mit Fragen eine Aussage überprüfen

Mit dieser Übung sollen Schülerinnen und Schüler fragengeleitet (W-Fragen) eine Aussage überprüfen. Dabei übernehmen die W-Fragen die Struktur für die Lösung der Aufgabe.

Insbesondere mehrsprachige Schülerinnen und Schüler werden auch auf diese Weise zu einer aktiven Verwendung der gesuchten Wörter und Wendungen geführt, die auch schriftlich festgehalten werden kann.

V☐ Vorwissen aktivieren (1)

1. 🔨/👥 *Was verbindest du mit dem Begriff Wirtschaft, was verbindest du mit dem Begriff Raum? Erstelle eine Mindmap zum Begriff Wirtschaft und erstelle eine Mindmap zum Begriff Raum.*

a) *Sammle zunächst Stichpunkte zu den Begriffen.*

Wirtschaft: _____

_____

Raum: _____

_____

b) *Zeichne Mindmaps mithilfe deiner Stichpunkte.*

das Geld

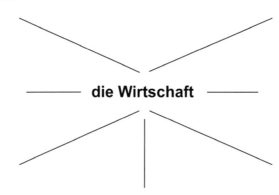

die Wirtschaft

das Gebiet

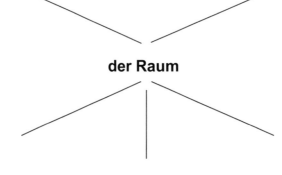

der Raum

Y. Cakir-Dikkaya (Hrsg.) / T. Altun / K. Günther / E. Lipkowski: DAZ für den Fachunterricht GeWi
Illustration: A. Kahl

KV 1

Name:	Datum:	

V☐ Vorwissen aktivieren (2)

2. 👤/👥 *Was verstehst du unter einem Wirtschaftsraum? Erstelle eine Mindmap zu dem Begriff Wirtschaftsraum.*

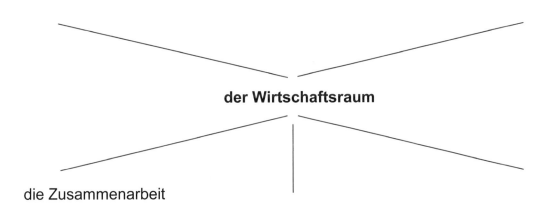

der Wirtschaftsraum

die Zusammenarbeit

3. *Präsentiert eure Mindmaps in der Klasse und tragt eure Ergebnisse zusammen.*

Y. Cakir-Dikkaya (Hrsg.) / T. Altun / K. Günther / E. Lipkowski: DAZ für den Fachunterricht GeWi
Illustration: A. Kahl

KV 1

W Verstehendes Lesen: Was steht im Text?

1. 👤 *Lies den folgenden Text. Schreibe auf, was du verstanden hast.*

Wirtschaftsraum Europa
RGW und GUS

Der **Rat für Gegenseitige Wirtschaftshilfe (RGW)** wurde 1949 gegründet. Ihm gehörten außer den in M1 gekennzeichneten Ländern die Mongolei (seit 1962), Kuba (seit 1972) und Vietnam (seit 1978) an.

Ziele des RGW waren die Förderung der wirtschaftlichen und wissenschaftlich-technischen Zusammenarbeit.

Die im RGW zusammengeschlossenen Länder gehörten überwiegend zu den wirtschaftlich rückständigen Staaten. Die Ziele des RGW (im Westen auch als „COMECON*" bezeichnet) konnten nur zum Teil verwirklicht werden. Es entwickelte sich jedoch eine starke Abhängigkeit der kleinen RGW-Länder von der dominierenden Sowjetunion.

Bei weitgehender Abschottung vom Weltmarkt fand der Handel fast ausschließlich innerhalb der RGW statt, wobei die Sowjetunion mit Abstand der größte Handelspartner war. Die Wirtschaft war zudem vorrangig auf quantitatives (mengenmäßiges) Wachstum orientiert. Bei gesichertem Absatz aller Produkte fehlte der Zwang zur Modernisierung und zur Qualitätssteigerung. Manche Erzeugnisse wurden jahrzehntelang unverändert hergestellt.

In den 1980er-Jahren wuchsen die Probleme in der Zusammenarbeit. Der angestrebte „vereinigte Markt" kam nicht zustande. In den schwerfälligen Planwirtschaften blieb die Beschleunigung des Wirtschaftswachstums unzureichend. Moderne Produktionsstrukturen bildeten sich meist nur mithilfe westlicher Industrieländer. Der Lebensstandard der Bevölkerung stagnierte weitgehend, teilweise kam es sogar zu rückläufigen Entwicklungen.

Mit dem Ende des planwirtschaftlichen Systems löste sich der RGW 1991 auf.

Die **Gemeinschaft Unabhängiger Staaten (GUS)** wurde ebenfalls 1991 gegründet. Sie ist Nachfolger des RGW. […]

(Aus: Berger-von der Heide (Hrsg.) (2013): Menschen Zeiten Räume 3. Arbeitsbuch für Gesellschaftslehre. Berlin: Cornelsen Schulverlage, S. 140 f.)

*COMECON: Council for Mutual Economic Assistance

Y. Cakir-Dikkaya (Hrsg.) / T. Altun / K. Günther / E. Lipkowski: DAZ für den Fachunterricht GeWi
Illustration: A. Kahl

KV 2

W Partikelverben erkennen und richtig verstehen

2. *Erschließe die Bedeutung von Partikelverben (trennbaren Verben) anhand des Textes.*

Achtung: Bei diesen Verben trennt sich im Hauptsatz die Vorsilbe ab. Die Vorsilbe wird dann an das Ende des Satzes geschoben. Das eigentliche (konjugierte) Verb steht weiter vorne im Satz.

a) *Unterstreiche die Vorsilbe in den folgenden Wörtern farbig.*

> *stattfinden, auflösen, angehören, herstellen*

Tipp: Um den richtigen Sinn des Satzes zu erfassen, ist es wichtig zu überprüfen, ob es eine Vorsilbe gibt, die zum Verb gehört.

Beispiel: Bedeutungsunterschiede von *finden* und *stattfinden*:
- *finden* bedeutet, etwas, was verloren gegangen ist, wiederzubekommen
- *stattfinden* bedeutet, dass sich etwas ereignet oder etwas erfolgt

b) *Erkläre die Bedeutung der Wörter.*

auflösen _____

_____

angehören _____

_____

herstellen _____

_____

3. *Finde vier Beispiele für nähere Bestimmungen (Attribuierungen) im Text.*

Tipp: Die nähere Bestimmung kann auf der linken Seite stehen: *wirtschaftlich rückständige* **Staaten**.
Die nähere Bestimmung kann auf der rechten Seite stehen: **Ziele** *des RGW*.

_____

_____

Y. Cakir-Dikkaya (Hrsg.) / T. Altun / K. Günther / E. Lipkowski: DAZ für den Fachunterricht GeWi
Illustration: A. Kahl

KV 2

W⃞ Attribuierungen erkennen und richtig verstehen

4. ♟ *Untersuche zusammengesetzte Wörter in dem Text.*

a) *Unterstreiche die folgenden Wörter.*

> *die Wirtschaftshilfe, die Zusammenarbeit, der Weltmarkt, der Handelspartner,*
> *die Qualitätssteigerung, die Planwirtschaft, das Wirtschaftswachstum,*
> *die Produktionsstrukturen, die Industrieländer, der Lebensstandard*

b) *Notiere die Wortbestandteile. Erschließe dir dann die Bedeutung wie im Beispiel gezeigt.*

Tipp: Der Artikel eines zusammengesetzten Nomens richtet sich in der Regel nach dem letzten Teilwort: die Welt + der Markt = der Weltmarkt.

die Wirtschaftshilfe: die Wirtschaft + die Hilfe = Hilfe für die Wirtschaft

die Zusammenarbeit: _____

_____

der Weltmarkt: _____

_____

der Handelspartner: _____

_____

die Qualitätssteigerung: _____

_____

die Planwirtschaft: _____

_____

das Wirtschaftswachstum: _____

_____

die Produktionsstrukturen (Einzahl: die Produktionsstruktur): _____

_____

die Industrieländer (Einzahl: das Industrieland): _____

_____

der Lebensstandard: _____

_____

Y. Cakir-Dikkaya (Hrsg.) / T. Altun / K. Günther / E. Lipkowski: DAZ für den Fachunterricht GeWi
Illustration: A. Kahl

KV 2

Name: Datum:

W☐ Umgang mit Mehrwortkomplexen

5. 👥 *Verbindet die richtigen Begriffe und Erklärungen mit Linien.*

die Wirtschaftshilfe	Der Staat steuert die Wirtschaft. Das bedeutet, dass der Staat z. B. im Voraus plant, wie viel von einer bestimmten Ware produziert werden darf und wie sie verteilt wird. An diese staatlichen Vorgaben müssen sich alle halten.
wirtschaftlich-technische Zusammenarbeit	Ein Markt, der sich über die ganze Welt erstreckt, in dem alle Unternehmen ihre Waren weltweit verkaufen können. Zum Beispiel liefert das Unternehmen Siemens elektronische Geräte in die ganze Welt. Siemens ist deshalb Teil des Weltmarktes.
der Weltmarkt	Die Qualität (also die guten Eigenschaften) einer Ware oder Dienstleistung wird verbessert.
die Sowjetunion	Er sagt etwas darüber aus, wie viel der einzelne Mensch in einer Gesellschaft oder einem Land besitzt, also wie gut oder schlecht es ihm geht.
der Handels-partner	Darunter versteht man, wie viele und welche Arten von Produkten in einem Land hergestellt werden.
die Qualitäts-steigerung	Wenn mehrere Unternehmen oder sogar Länder zusammen-arbeiten, z. B. gemeinsam ein bestimmtes Produkt herstellen, spricht man von wirtschaftlich-technischer Zusammenarbeit. Die Flugzeuge von Airbus werden z. B. bei verschiedenen Unter-nehmen in verschiedenen europäischen Ländern hergestellt.
die Plan-wirtschaft	eine finanzielle Hilfe, die der Staat für die Wirtschaft gibt (Bsp.: als es der Automobilindustrie sehr schlecht ging, hat der Staat durch eine bestimmte Summe Geld den Autobesitzern geholfen, damit sie sich ein neues Auto kaufen konnten. Dadurch konnte die Automobilindustrie mehr Autos verkaufen)
das Wirtschafts-wachstum	Zu einer Wirtschaft gehören z. B. alle Unternehmen eines Landes. Wenn die Wirtschaft wächst, also z. B. mehr produzieren und verkaufen kann, spricht man von Wirtschaftswachstum.
die Produktions-strukturen	Ein Unternehmen treibt mit einem anderen Handel. Die beiden sind Partner, sie arbeiten also zusammen.
die Industrie-länder	Darunter versteht man die Länder, die viele Fabriken und Industrien besitzen. Deutschland ist z. B. ein Industrieland.
der Lebens-standard	Sie war ein kommunistischer Staat und bestand von 1922 bis 1991. Darunter versteht man den Verbund von Russland, Weißrussland, der Ukraine und Moldawien. Dazu gehörten außerdem die Staaten Estland, Lettland und Litauen, Armenien, Aserbaidschan und Georgien sowie Kasachstan, Kirgisien, Tadschikistan, Turkmenistan und Usbekistan.

Y. Cakir-Dikkaya (Hrsg.) / T. Altun / K. Günther / E. Lipkowski: DAZ für den Fachunterricht GeWi
Illustration: A. Kahl

KV 2

N⃞ Schlüsse ziehen

1. 🧍 *Lies den Text zum RGW und GUS noch einmal. Formuliere Konsequenzen für den fehlenden „Zwang zur Modernisierung und zur Qualitätssteigerung" am Beispiel der Automobilindustrie. Nutze dafür die Satzanfänge. Schreibe in dein Heft.*

    a) *Wenn der Handel mit produzierten Autos weitgehend abgeschottet vom Weltmarkt stattfindet, dann ...*

    b) *Ein qualifiziertes (die Qualität betreffend) Wachstum war in der Automobilindustrie kaum möglich, so dass…*

    c) *Wenn Produkte in der Automobilindustrie jahrzehntelang unverändert produziert werden, dann …*

2. 🧍/👥 *Überprüft diese Aussage anhand des Textes: „Der Handel im RGW war nicht auf die Zukunft ausgerichtet!"*

    a) *Beantworte dazu die nachfolgenden Fragen in deinem Heft und benutze die Formulierungshilfen:*
→ Welche Probleme gab es bei der wirtschaftlichen Zusammenarbeit?
→ Wie schwerwiegend waren die Probleme?
→ Welche Länder waren beteiligt?
→ Wozu führten die Probleme?

Formulierungshilfen

Im Text werden für die wirtschaftliche Zusammenarbeit folgende Probleme genannt: …
Der Text geht auf die Probleme … für die wirtschaftliche Zusammenarbeit ein.

Die Probleme waren schwerwiegend / sehr schwerwiegend / besonders schwerwiegend / nicht schwerwiegend / weniger schwerwiegend / kaum schwerwiegend, weil … / da …

Es waren … beteiligt.
Die Länder … waren in die wirtschaftliche Zusammenarbeit eingebunden.

Die Probleme in der Zusammenarbeit führten zu … / führten dazu, dass …
Die Probleme in der wirtschaftlichen Zusammenarbeit hatten … zur Folge.
Die Probleme in der wirtschaftlichen Zusammenarbeit hatten zur Folge, dass …

---

    b) *Tauscht eure Ergebnisse in der Klasse aus.*

Y. Cakir-Dikkaya (Hrsg.) / T. Altun / K. Günther / E. Lipkowski: DAZ für den Fachunterricht GeWi
Illustration: A. Kahl

KV 3

2 Der Einsatz eines Quellentextes

Unter dem Begriff **Quelle** können sich Gegenstände, Bilder, unterschiedliche Textsorten u. a. m. verbergen. In einem Geschichtslehrwerk finden sich häufig Quellen in Form von kontinuierlichen und diskontinuierlichen Texten. Im Folgenden soll es um ein Beispiel für einen kontinuierlichen Quellentext gehen: Bei der Textsorte handelt es sich um einen Bordbucheintrag. Er kommt in diesem speziellen Fall den Strukturen eines Tagebucheintrags sehr nahe.

Hier soll beispielhaft an dem Bordbucheintrag gezeigt werden, wie man einen Quellentext im Unterricht einsetzen kann. Dabei handelt es sich um einen Auszug aus dem Bordbuch des Christoph Kolumbus. Er stellt seiner Wahrnehmung entsprechend die Situation nach der Landung auf der Insel San Salvador am 12. Oktober 1492 dar. Der Text ist vorgesehen für Schülerinnen und Schüler der 7./8. Klasse. Die Auslassungen entsprechen dem Quellenabdruck im Lehrwerk (Brokemper, Peter/

Köster, Elisabeth/Potente, Dieter (2012): Geschichte Realschule NRW 2. Berlin: Cornelsen, S. 56).

2.1 Welches sprachliche Wissen müssen die Schülerinnen und Schüler für das Verständnis des Textes mitbringen?

Auch bei einem Quellentext sollte man sich, bevor man ihn im Unterricht einsetzt, die sprachlichen Merkmale anschauen bzw. diese analysieren.

Der Quellentext weist folgende Merkmale auf der Wort-, Satz- und Textebene auf, die insbesondere den mehrsprachigen Schülerinnen und Schülern sowie den (lese-)schwachen Schülerinnen und Schülern mit Deutsch als Erstsprache Probleme bereiten können.

Im Folgenden sollen beispielhaft typische Merkmale auf der Wort-, Satz- und Textebene des Quellentextes gezeigt werden.

Merkmale auf der Wortebene

Phänomen	Beispiele
fachsprachliche Komposita, Mehrwortkomplexe	*Halsketten, Augengegend, rötlichgelb, tiefschwarz, Rossschweif, Heimfahrt, gutmütig*
abgeleitete Wörter: Nominalisierungen abgeleitete Adjektive Partikelverben Präfixverben	 *Ausschau, Reichtum, Besitz* *gutmütig* *anrufen, (sich) zuziehen, niederknien* *heranzukommen*

Thematischer Wortschatz

Phänomen	Beispiele
Wortschatz aus dem Bereich „Herrschaft"	(königliches) Banner, Krone, Besitz (ergreifen), König und Königin
Wortschatz zur Beschreibung der „Neuen Welt": Land	Land, Insel, Boden, Erde
Wortschatz zur Beschreibung der „Neuen Welt": Verhalten der Einwohner	scheu, Angst, wagen, vorsichtig, gutmütig, sanft
Wortschatz zur Beschreibung der „Neuen Welt": Aussehen der Einwohner (hier nur die weniger gängigen Begriffe)	schön geformte Körper, grelle Farben, Rossschweif, Augengegend (...)
metaphorische Vergleiche	wie Gott sie geschaffen hatte, wie ein Rossschweif
Metaphern	Beamte der Krone

Merkmale auf der Satzebene

Phänomen	Beispiele
Attribuierungen: Linksattribuierungen	bewohnte Insel, festen Boden, königliche Banner, schön geformten Körper, grellen Farben, rötlichgelber Farbe, blutende Wunde
Rechtsattribuierungen	Zeichen des Reichtums, Knochen eines Fisches
Links- und Rechtsattribuierungen	beiden Beamten der Krone
häufig vorkommende Haupt- und Nebensatz-verbindungen: Haupt- und Nebensatzverbindungen durch Konjunktionen	Ich kniete nieder, als ich festen Boden unter den Füßen hatte
Einschübe	Ein Matrose, Rodrigo de Tirana, sah das Land als Erster

Merkmale auf der Textebene

Phänomen	Beispiele
Pro-Formen, die auf Satzteile oder ganze Sätze verweisen	es, sie, ihre, ich, unsere, mein, dann, um

2.2 Didaktisch-methodische Hinweise und Übungsvorschläge

Wie bei allen Textsorten des Geschichtsunterrichts kann auch der Verstehensprozess von Quellentexten vor, während und nach dem Lesen unterstützt werden, indem unterschiedliche Lesestrategien eingesetzt werden. Mit dem Einsatz von Lesestrategien (vor, während und nach dem Lesen) kann eine bewusste Herangehensweise an den Quellentext durch die Aktivierung der erforderlichen Lesestrategie ermöglicht werden.

Mit Lesestrategien, die vor dem Lesen eingesetzt werden, können beispielsweise Vorkenntnisse, Voreinstellungen und Vorerfahrungen aktiviert werden, die auf den Quellentext vorbereiten. Strategien während des Lesens sollen dabei unterstützen, die Inhalte des Quellentextes zu klären. Viele Quellentexte sind in einer für die Schülerinnen und Schüler altertümlichen Sprache verfasst. Strategien sollten deshalb vor allem darauf abzielen, diese Sprache zu verstehen. Strategien, die nach dem Lesen eingesetzt werden, sollen die Weiterarbeit mit dem Quellentext anregen. Hiermit kann auch eine Schreibaufgabe verknüpft werden.

Die nachfolgenden Übungsvorschläge und Aufgaben berücksichtigen diese drei Phasen des Lesens und Schreibens. Da es für jede Phase mehrere geeignete Übungen gibt, werden hier einige Übungsvorschläge gemacht, um verschiedene Möglichkeiten aufzuzeigen.

1. Vor dem Lesen

Übungsvorschlag 1: Ideennetz zur Überschrift entwickeln"[3] (KV 1)

Auszüge aus dem Bordbuch von Christoph Kolumbus: 12. Oktober 1492

Mit dem Ideengitter können die Schülerinnen und Schüler ihre ersten Ideen und Vorstellungen zur Überschrift zusammentragen. Die Überschrift steht im Zentrum des Netzes, ringsherum werden die Ideen und Vorstellungen der Schülerinnen und Schüler als „Spinnennetz" sortiert und mit der Überschrift anhand von Linien vernetzt.

Über ein solches Ideennetz kann in einen Text eingeführt werden, der spontane sprachliche Äußerungen ermöglicht. Da es sich in erster Linie um spontane Äußerungen handelt, sollten die Äußerungen der Schülerinnen und Schüler nicht als „falsch" bewertet werden.

Im Hinblick auf Mehrsprachige kann die Übung den Lehrerinnen und Lehrern verdeutlichen, welche Vorkenntnisse bestehen und ob Wörter wie *Bordbuch* oder *Auszug* erschlossen werden können.

---

3 In Anlehnung an das Begriffsnetz nach: Leisen, Josef (2013): Handbuch Sprachförderung im Fach. Sprachen-sibler Fachunterricht in der Praxis. Praxismaterialien. Stuttgart: Ernst Klett Sprachen. S. 82 f.

Beispiel für ein Ideennetz:

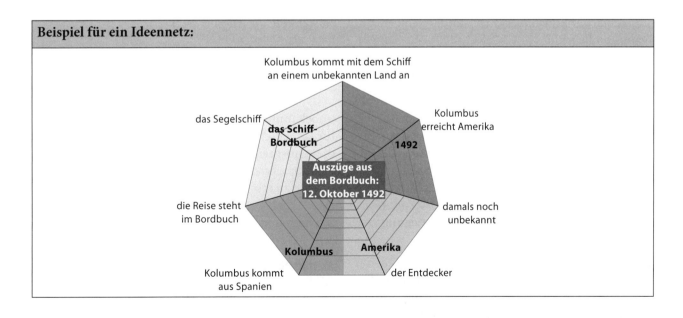

Übungsvorschlag 2: Thematisierung von Textsorten (KV 1)

Das Beispiel des Bordbuchs zeigt, dass die Schülerinnen und Schüler, wenn sie einen Text in seinem historischen Zusammenhang erfassen wollen, auch Textsortenkenntnisse besitzen müssen. Diese Übung soll die Schülerinnen und Schüler aktivieren, sich schon vor dem Lesen des Textes aufgrund der Form und der Überschrift Gedanken über die Textsorte zu machen. Bestimmt werden viele einen Tagebucheintrag kennen, davon könnte nun die spezielle Form des Bordbuchs abgeleitet werden.

Bei dieser Übung geht es um die Thematisierung von Wortschatz- und Textsortenwissen, das kulturell geprägt sein kann. Deshalb ist es gerade für mehrsprachige Schülerinnen und Schüler bedeutsam, beides zu thematisieren. Legen Sie insbesondere zu Beginn einer Einheit fest, welcher Fachwortschatz erworben werden soll und ob es reicht, diesen zu rezipieren oder ob er auch produziert werden soll.

2. Während des Lesens

Übungsvorschlag 1: Wortfeld zum Thema „Neue Welt" (KV 2)

Da es sich um ein Thema für eine ganz Einheit handelt, wird der Wortschatz immer wieder benötigt, um sowohl verschiedene Textsorten, die in diesem Kapitel vorkommen, zu entschlüsseln, als auch um Inhalte in den historischen Kontext einbetten zu können.

Von daher bietet es sich an, die Schüler mit den Begriffen aus dem Text Wortfeldübungen durchführen zu lassen. Die Begriffe sind vorgegeben, die Schülerinnen und Schüler sortieren sie in eine Tabelle zum passenden Wortfeld ein.

Lösungsvorschlag:

Wortfeld	Begriffe aus dem Text
Wortschatz aus dem Bereich „Herrschaft"	*das königliche Banner, die Krone, Besitz ergreifen*
Wortschatz zur Beschreibung der „Neuen Welt": Land	*das Land, die Insel, der Boden, die Erde*
Wortschatz zur Beschreibung der „Neuen Welt": Verhalten der Einwohner	*die Scheu, die Angst, wagen, vorsichtig, gutmütig, sanft*
Wortschatz zur Beschreibung der „Neuen Welt": Aussehen der Einwohner (hier nur die weniger gängigen Begriffe)	*die schön geformten Körper, die grellen Farben, der Rossschweif, die Augengegend*
metaphorische Vergleiche	*wie Gott sie geschaffen hatte, wie ein Rossschweif*

Hierbei ist darauf zu achten, dass insbesondere mehrsprachigen Schülerinnen und Schülern vorab die übertragenen Elemente erläutert werden, z. B. *so wie Gott sie geschaffen hat* unbekleidet bedeutet. Auch seltene Formen, wie *Ross* als Bezeichnung für *Pferd*, können unbekannt sein. Das Wort *Augengegend* eignet sich wiederum für eine Zerlegung.

Übungsvorschlag 2: Begriffen Visualisierungen zuordnen (KV 2)

Visualisierungen können Schülerinnen und Schüler unterstützen, eine Vorstellung von (Fach-)Begriffen zu entwickeln und diese zu erlernen. Sie können mögliche bekannte Bilder oder Konzepte mit noch unbekannten Fachbegriffen verknüpfen, besonders für sprachschwache Schülerinnen und Schüler ist dies eine geeignete Methode, um den Zugang zur Fachsprache zu ermöglichen und darüber fachliche Inhalte zu erschließen.

3. Nach dem Lesen

Übungsvorschlag 1: Eine Quelle in eine andere Textsorte überführen (KV 3)

Über diese Methode müssen Schülerinnen und Schüler bereits bekannte Inhalte neu strukturieren. Durch das Überführen in eine andere Textsorte kann ein vertieftes fachliches Lernen angeregt werden (vgl. Leisen), da Informationen neu dargestellt und vor allem auch in anderer Art und Weise versprachlicht werden müssen.

Hinweis: Da diese Aufgabe entsprechend des Unterrichtssettings in verschiedenen Situationen eingesetzt werden kann, wird hier die Festlegung des Schreibanlasses (z. B. einen Bericht für die Schülerzeitung oder für ein Unterrichtsprojekt) offen gelassen. Hier wird empfohlen, die zu produzierende Textsorte mit den Schülerinnen und Schülern, insbesondere mit Blick auf den Adressaten, zu thematisieren.

Das fragengeleitete Arbeiten kann für alle Schülerinnen und Schüler eine wertvolle Hilfe sein, da sie nicht mit dem gesamten Text, sondern zunächst nur mit Textteilen umgehen müssen, dabei müssen sie sich klar machen, aus welchem Teil des Textes heraus die jeweilige Frage zu beantworten ist. Sie können so ihre Textsortenkenntnis erweitern. Für mehrsprachige Schülerinnen und Schüler ist diese Aufgabe bedeutsam, weil Textsortenwissen kulturell geprägt sein kann und somit von der geforderten Textsorte abweichen könnte.

Nachdem die Schritte 1 bis 3 noch sehr textnahes Arbeiten ermöglichen, erlaubt der vierte Schritt ein selbstständiges Formulieren. Die möglichen Satzanfänge geben einen Ausgangspunkt, so dass keine Angst vor dem leeren Blatt aufkommen muss, da ein Satzrahmen vorgegeben ist.

Übungsvorschlag 2: Mit anderen Schreiben (KV 4)
Bei dieser Übung bearbeitet jeder Lerner zunächst eine oder mehrere Aufgaben in Einzelarbeit. Im Anschluss an die Einzelarbeitsphase produzieren die Schülerinnen und Schüler in Partner- oder Gruppenarbeit einen gemeinsamen Text[4]. Besonders für schreibschwache Lerner ist eine solche Übung geeignet, da über die gemeinschaftliche Arbeit alle Schülerinnen und Schüler zusammen einen Text produzieren. Die Produktionsphase kann durch Strukturierungs- und Schreibhilfen unterstützt werden, die auch grammatische Hinweise geben, wie:

> *sehen, überwinden, verteilen, berühren, bemalen* + Akkusativ
>
> *danken* + Dativ

---

4 Die Schritte sind dem zugrunde liegenden Lehrwerk entnommen und durch Schreibhilfen ergänzt.

Name: Datum:

V Ideengitter zur Überschrift entwickeln

1. Erstelle ein Ideengitter.

a) Schreibe um die Überschrift herum alle deine Ideen und Vorstellungen dazu auf. Verbinde sie zu einem Spinnennetz. Es entsteht dein eigenes Ideengitter zu der Überschrift.

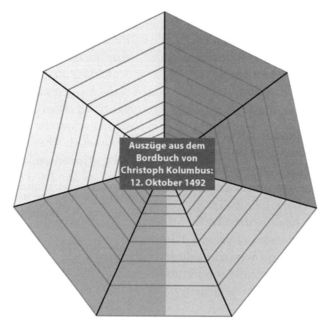

Auszüge aus dem Bordbuch von Christoph Kolumbus: 12. Oktober 1492

b) Vergleicht eure Ideengitter in der Klasse.

2. Der Entdecker Christoph Kolumbus hat während der ganzen Reise ein Bordbuch geführt. Dies war damals als Kapitän üblich. Überlegt, was er in seinem Bordbuch festgehalten haben kann und warum es wichtig war, ein Bordbuch zu führen. Schreibt eure Ideen und Überlegungen in Stichpunkten auf. Nutzt dazu die folgende Tabelle.

Was ist ein Bordbuch?	
Warum ist ein Bordbuch wichtig?	

Y. Cakir-Dikkaya (Hrsg.) / T. Altun / K. Günther / E. Lipkowski: DAZ für den Fachunterricht GeWi
Illustration: A. Kahl

KV 1

W☐ **Verstehendes Lesen: Was steht im Text?**

1. ⚒ *Lies den folgenden Text. Notiere, was du verstanden hast.*

Auszüge aus dem Bordbuch von Christoph Kolumbus:

12. Oktober 1492:

Ein Matrose, Rodrigo de Tirana, sah das Land als Erster … Es ist eine Insel, eine bewohnte Insel. Nach Häusern, nach Tempeln, nach Zeichen des Reichtums hielt ich vergeblich Ausschau … Ich kniete nieder, als ich festen Boden unter den Füßen hatte … und dankte Gott, indem ich die Erde küsste. Dann entfaltete ich das königliche Banner und rief die beiden Beamten der Krone zu Zeugen an, dass ich im Namen des Königs und der Königin von Spanien von der Insel Besitz ergriff … Ich überwand ihre Scheu und Angst, indem ich Halsketten und rote Kappen an sie verteilen ließ. Bald wagten sie es, heranzukommen und uns vorsichtig zu berühren … Sie gehen umher, wie Gott sie geschaffen hat, Männer sowohl als Frauen, und bemalen ihre schön geformten Körper mit grellen Farben, vor allem das Gesicht, die Nase und die Augengegend. Ihre Haut ist von rötlichgelber Farbe, ihr Haar tiefschwarz und glatt … und fällt wie ein Rossschweif auf den Rücken herab. Über der Stirn ist es kurz geschnitten.

Sie sind ohne Zweifel gutmütig und sanft. Ihre einzigen Waffen sind Lanzen mit einer Spitze aus Stein oder dem Knochen eines Fisches. Das Eisen, glaube ich, kennen sie nicht. Auch mit unseren Schwertern wussten sie nichts anzufangen. Einer von ihnen fasste nach meinem Schwert … und zog sich eine blutende Wunde zu … Auf der Heimfahrt werde ich sechs dieser Männer mitnehmen, um sie dem König zu zeigen. Außerdem sollen sie unsere Sprache erlernen.

Notizen: _____

_____

_____

_____

_____

_____

_____

KV 2

Name: _____   Datum: _____

W Begriffe aus dem Text den Bildern zuordnen

2. *Unten findest du wichtige Begriffe, die im Text vorkommen.*

a) *Markiere sie im Text.*

b) *Ordne sie jeweils einem Bild zu, indem du sie durch einen Pfeil verbindest.*

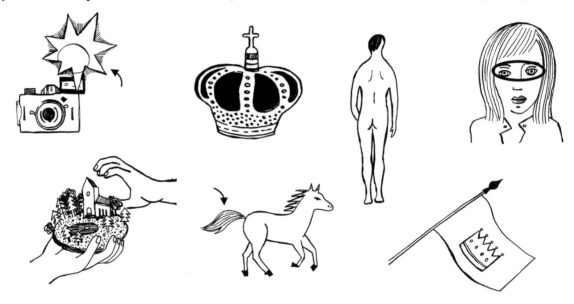

das königliche Banner   die Krone   Besitz ergreifen

der Rossschweif   die Augengegend

grell   wie Gott sie geschaffen hat

3. *Findet Begriffe oder Beschreibungen aus der heutigen Zeit für die Beschreibungen aus dem Text.*

das königliche Banner: _____

die Krone: _____

Besitz ergreifen: _____

der Rossschweif: _____

die Augengegend: _____

grell: _____

wie Gott sie geschaffen hat: _____

Y. Cakir-Dikkaya (Hrsg.) / T. Altun / K. Günther / E. Lipkowski: DAZ für den Fachunterricht GeWi
Illustration: A. Kahl

KV 2

W📖 Wortfeld zum Thema „Neue Welt"

4. ⚖ *In dem Feld stehen Begriffe aus dem Bordbuch von Christoph Kolumbus (siehe Text). Notiere sie in der passenden Tabellenzeile.*

> *das königliche Banner, wagen, die Krone, wie Gott sie geschaffen hatte,*
> *die Insel, das Land, die Scheu, der Boden, die Erde, die Angst, die grellen*
> *Farben, die schön geformten Körper, vorsichtig, die Augengegend, gutmütig,*
> *Besitz ergreifen, sanft, der Rossschweif, wie ein Rossschweif*

Wortfeld	Begriffe aus dem Text
Wortschatz aus dem Bereich „Herrschaft"	
Wortschatz zur Beschreibung der „Neuen Welt": Land	
Wortschatz zur Beschreibung der „Neuen Welt": Verhalten der Einwohner	
Wortschatz zur Beschreibung der „Neuen Welt": Aussehen der Einwohner	

Y. Cakir-Dikkaya (Hrsg.) / T. Altun / K. Günther / E. Lipkowski: DAZ für den Fachunterricht GeWi
Illustration: A. Kahl

KV 2

Name: _____   Datum: _____

N☐ Eine Quelle in eine andere Textsorte überführen

1. 👥 *Lest den Text erneut.*

2. 👥 *Beantwortet schriftlich folgende Fragen:*

a) Wer hat den Text geschrieben? _____

b) Wann wurde der Text geschrieben? _____

c) Für wen wurde der Text geschrieben? _____

_____

d) Zu welchem Zweck wurde der Text geschrieben? _____

_____

_____

e) Was macht Kolumbus, nachdem er auf der Insel ankommt?

_____

_____

f) Wie beschreibt Kolumbus das Aussehen und das Verhalten der „Einheimischen"?

_____

_____

_____

g) Was kündigt Kolumbus an, bevor er wieder abreist? _____

_____

_____

_____

3. 👥 *Schreibt einen Bericht (z. B. für eure Schulzeitung) über die Ankunft von Christoph Kolumbus in der „Neuen Welt". Berücksichtige dabei deine Antworten auf die Fragen aus Aufgabe 2.*

Hinweis: Beachtet dabei, dass euer Bericht sachlich geschrieben sein muss und keine eigenen Wertungen enthalten darf. Er beantwortet im Wesentlichen die in Aufgabe 2 gestellten Fragen.

4. 👥 *Präsentiert eure Berichte in der Klasse.*

Y. Cakir-Dikkaya (Hrsg.) / T. Altun / K. Günther / E. Lipkowski: DAZ für den Fachunterricht GeWi
Illustration: A. Kahl

KV 3

[N] Mit anderen Schreiben (1)

1. [icon] *Analysiert den Quellentext. Schaut euch dazu den Bordbucheintrag von C. Kolumbus an.*

a) *Arbeitet anhand der folgenden Schritte 1–3. Schreibe in dein Heft.*

Hinweis: Nutzt auch die Schreibhilfen auf der folgenden Seite.

Schritt 1: Was ist über den Text bekannt?
- Welche Informationen habt ihr über den Verfasser?
- Aus welchem Jahr stammt der Text (Erscheinungsjahr)?
- Wo wurde er veröffentlicht?
- Wurde der Text sofort aufgeschrieben, als das dort dargestellte Ereignis stattgefunden hat, oder erst viel später?

Schritt 2: An wen richtet sich der Text?
- War der Text eigentlich nur für den privaten Bereich gedacht (wie z. B. ein Tagebucheintrag) oder war er für ein großes Publikum geplant?
- An welche Leser richtet sich der Text?

Schritt 3: Fragen an den Text stellen
- Um den Inhalt des Textes zu erfassen, könnt ihr die W-Fragen nutzen. Beantwortet, so weit möglich, mithilfe des Textes die W-Fragen: Wer? Was? Wann? Wo? Wie? Warum?
- Wie kann man den Text, hier also den Bordbucheintrag, gliedern? Welche inhaltlichen Abschnitte gehören zusammen?
- Welche Wertungen gibt es im Text?
  Tipp: Schaut besonders auf die Beschreibungen. Oft werden durch die Wahl der Adjektive Wertungen vorgenommen.

---

b) *Stellt euch gegenseitig eure Analyse vor und markiert in jedem Text, was besonders gut gelungen ist.*

2. [icon] *Interpretiert gemeinsam den Quellentext, indem ihr den 4. Schritt bearbeitet. Nutzt dazu eure Unterstreichungen aus beiden Analysen.*

Hinweis: Bei der Interpretation könnt ihr auf die Schreibhilfen der folgenden Seite zurückgreifen.

Schritt 4: Interpretation
- Welche Wirkung hat der Text?
- Welche Gesamtaussage könnt ihr dem Text entnehmen?
  Hier könnt ihr auch überlegen, was der Verfasser womöglich mit dem Bordbucheintrag über das neue Land und seine Bewohner sagen wollte.

Y. Cakir-Dikkaya (Hrsg.) / T. Altun / K. Günther / E. Lipkowski: DAZ für den Fachunterricht GeWi
Illustration: A. Kahl

KV 4

[N] Mit anderen Schreiben (2)

Schreibhilfen Textanalyse

Schritt 1: Was ist über den Text bekannt?

- Der Bordbucheintrag / die Quellenauszug / der Tagebucheintrag
- Die Quelle „Auszüge aus dem Bordbuch: 12. Oktober 1492" wurde von … verfasst / Der Eintrag aus dem Bordbuch stammt vom … (hier: Zeit eintragen)
- Verfasser des Bordbucheintrags ist …
- Ort des Eintrages ist … / Kolumbus hat diesen Eintrag in …. notiert
- Christoph Kolumbus, der Verfasser, war ein …
- Bei dem Verfasser handelt es sich um …
- Der Eintrag wurde während des Ereignisses / unmittelbar nach / viel später nach dem Ereignis vorgenommen.

Schritt 2: An wen richtet sich der Text?

- Der Eintrag war für ein größeres interessiertes Publikum/für Kolumbus/für den König … gedacht.
- Der Bordbucheintrag richtet sich an …

Schritt 3: Fragen an den Text stellen

- Der Text handelt von … (Wem?)
- Kolumbus beschreibt … (Was?)
- Das Ereignis hat am ... (wann?) … (wo?) stattgefunden.
- Kolumbus beschreibt sein Verhalten und das Verhalten seiner Männer so: … (Wie?)
- Kolumbus erzählt von den Einwohnern der Insel. Er beschreibt sie als … (Wie?)
- Den Text kann man in die folgenden Abschnitte gliedern: …
- Er bewertet das Aussehen/Verhalten der Inselbewohner wie folgt: …

Schritt 4: Interpretation

- Der Text bewirkt, dass …
  Die Wirkung des Textes ist …
- Als Gesamtaussage des Textes kann man festhalten, dass …
  Im Text kann man die folgende Gesamtaussage finden: …
  Der Verfasser wollte wahrscheinlich als Wirkung erreichen, dass …
  Der Verfasser wollte vermutlich über das neue Land und seine Bewohner sagen, dass …

Y. Cakir-Dikkaya (Hrsg.) / T. Altun / K. Günther / E. Lipkowski: DAZ für den Fachunterricht GeWi
Illustration: A. Kahl

KV 4

3 Der Einsatz einer Grafik

Der Begriff Schaubild vereint sehr unterschiedliche Darstellungsformen. Häufig wird deshalb auch von (informierenden) Bildern oder Darstellungen gesprochen. Diese Bilder oder Darstellungen sollen Sachwissen vermitteln und zählen auch als Texte, weil sie gelesen werden müssen. Im Gegensatz zu den in den vorigen Kapiteln dargestellten kontinuierlichen Texten werden sie als diskontinuierliche Texte bezeichnet. Beim Lesen von Bildern bzw. Darstellungen werden häufig spezielles Weltwissen, Kontextwissen und Entschlüsselungsstrategien erforderlich. Wie alle anderen Textsorten auch unterliegen Bilder bzw. Darstellungen besonderen sprachlichen Charakteristika und verlangen eigene sprachliche Mittel.

Hier soll an einem typischen Beispiel für eine Grafik in einem Schulbuch exemplarisch aufgezeigt werden, wie man diese im Unterricht einsetzen kann.

Die verwendete Grafik zeigt ein Profilbild des Allgäus sowie die Darstellung der Niederschlags- und Temperaturwerte für einzelne Städte bzw. Messstationen. Außerdem sind die Anteile landwirtschaftlicher Nutzflächen in Kreisdiagrammen aufgeschlüsselt. Das Schaubild vereint also unterschiedliche Bild- und Diagrammelemente, die die Schülerinnen und Schüler entschlüsseln können müssen (s. die Gesamtgrafik auf S. 55). Man könnte also von verschiedenen Bildern sprechen, die hier vereint sind. Schaubilder sind also als durchaus komplex zu bezeichnen, die Schülerinnen und Schüler müssen mit den entsprechenden Lesestrategien vertraut sein. Einige Schülerinnen und Schüler haben aber häufig Schwierigkeiten, diese zu entschlüsseln, weil sie nicht über die passenden Strategien verfügen. Dies gilt umso mehr für junge Schülerinnen und Schüler zu Beginn der weiterführenden Schule. Für das fachliche Lernen ist es nötig, Schülerinnen und Schülern entsprechende Strategien für das Lesen solcher informierender Bilder zu vermitteln, damit sie für den Unterricht wichtige Inhalte erschließen können.

3.1 Welches sprachliche Wissen müssen die Schülerinnen und Schüler für das Verständnis der Grafik mitbringen?

Auch hier gilt: Bevor man ein Schaubild im Unterricht einsetzt, sollte man es mit den Schülerinnen und Schülern analysieren. Deshalb erfolgt hier zunächst eine Analyse des Materials.

Der linke obere Teil der Darstellung zeigt das Bodenprofil des Allgäus:

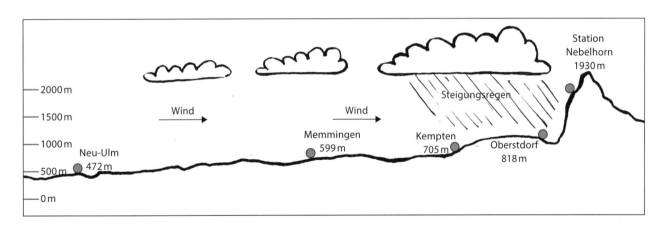

Die Darstellung wird von links nach rechts gelesen. Die aufsteigende Linie muss als aufsteigende Profillinie gedeutet werden. Diese schließt mit der Darstellung einer Bergprofillinie (des Nebelhorns) ab. Sie ist zudem mit der Höhenmarkierung in Metern am linken Bildrand verbunden. Dabei muss bekannt sein, dass die für geografische Karten übliche Null-Meter-Markierung sich auf die Höhe über dem Meeresspiegel (Mittlerer Meeresspiegel) bezieht. Es handelt sich damit um eine abstrakte Größe.

Die dicken Punkte bei den Ortsnamen kann der geübte Kartenleser schnell als Symbole für die Städte erkennen. Diese sind mit einer genauen Höhenmarkierung gekennzeichnet. Lediglich bei der Markierung der Station Nebelhorn wird deutlich, dass der dicke Punkt nicht nur Städte bezeichnet, sondern auch eine Wetterstation einschließt. Die über der Profillinie abgebildeten Wolken nehmen an Umfang zu und symbolisieren die Kondensation der aufsteigenden Luft und die damit verbundene Wolkenbildung, die kurz vor der höchsten Erhebung in Niederschlag übergeht. Dieser Niederschlag wird ohne weitere Erklärung innerhalb der Darstellung als Steigungsregen bezeichnet. Pfeile mit der Kennzeichnung „Wind" zeigen die Bewegung der Wolken in Richtung der Stelle, an der die Profillinie stark ansteigt.

Um das Bild deuten zu können, müssen die Leser den Zusammenhang zwischen der stark ansteigenden Profillinie und der zunehmenden Wolkenbildung herstellen können, da die Darstellung ja den Fachbegriff des Steigungsregens einfordert.

Unter dem Profilbild sind die Mittleren Niederschläge und Jahrestemperaturen angeordnet. Sie müssen gemeinsam mit der oberen Bildhälfte gelesen werden, das heißt sinnbildend koordiniert und aufeinander bezogen werden. Sie sollen aber zunächst isoliert auf ihre Anforderungen überprüft werden:

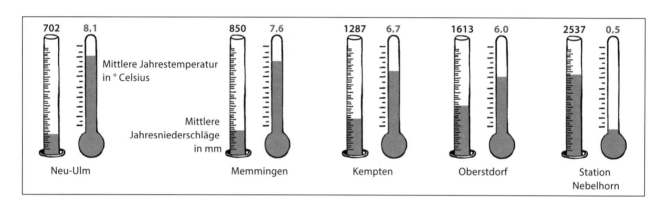

Die Darstellung bedient sich einer Mischung aus Abbildung durch die Zeichnungen der Reagenzgläser und Thermometer und Diagrammen, die in den Skalen auf den Reagenzgläsern und Thermometern aufgebracht sind. Dabei ist zu vermuten, dass die Reagenzgläser, die für die Ermittlung der mittleren Niederschlagsmengen (durch Sammlung) benutzt werden, den Schülerinnen und Schülern in der 5./6. Klasse nicht unbedingt bekannt sind. Auch die dargestellten Thermometer sind an die alten Quecksilbermessgeräte angelehnt, die die noch jungen Schülerinnen und Schüler vermutlich nur noch bedingt kennen. Die Bezeichnungen der Säulen durch „Mittlere Jahrestemperatur in °Celsius" und „Mittlere Jahresniederschläge in mm" verweisen auf standardisierte Maßeinheiten, die bekannt sein müssen. Die Zahlen am oberen Rand der Abbildungen müssen mit diesen Maßeinheiten verbunden werden.

Für Memmingen ist eine mittlere Jahresniederschlagsmenge von 850 mm verzeichnet. Das Reagenzglas zeigt eine Füllhöhe im unteren Drittel an. Auf dem Nebelhorn liegt die mittlere Jahresniederschlagsmenge bei 2537 mm. Hier ist das Reagenzglas am meisten gefüllt. Diese Markierungen stellen eine Hilfe dar, um die unterschiedlichen Zahlen einzuordnen. Dies ist ebenso bei den Temperaturangaben nachzuvollziehen. Ob es sich aber um einen nur für das Allgäu hohen Wert handelt, lässt sich so nicht ablesen. Auch verrät die Darstellung nicht den konkreten Erhebungszeitraum der Daten.

Dieser Darstellungsteil muss nun mit dem oberen Teil, der Profillinie mit Wolken- und Niederschlagsmenge, zusammengebracht werden. Der Leser muss erkennen können, dass entsprechend dieser Darstellung der Niederschlag in Bergnähe, also mit stark ansteigender Profillinie, zunimmt, die Temperatur zugleich mit wachsender Höhe abnimmt.

Abschließend soll nun das dritte Bildelement betrachtet werden. Es befindet sich in der rechten Bildhälfte, unter einer Überschrift sind verschiedene Kreisdiagramme (auch als Tortendiagramme bezeichnet) angeordnet.

Waren die zuvor dargestellten Bildelemente von links nach rechts zu lesen, ist in diesem Bild nur die Zuordnung von Kreisdiagramm und Kreis-/Stadtbezeichnung von links nach rechts, die Kreisdiagramme sind untereinander angeordnet. Auch ist dies der einzige Bildteil mit einer Überschrift.

Die Überschrift weist in komprimierter Form auf den Inhalt hin. Dazu werden Attribuierungen (*Anteil* der Wiesen und Weiden, der landwirtschaftlichen *Nutzfläche*) und Mehrwortkomplexe (*landwirtschaftlich, Nutzfläche*) verwendet. Entscheidend für das Verständnis der Überschrift ist die Kenntnis der Präposition *an* und des Adverbs *je*, die das Verhältnis der Begriffe zueinander bestimmen und damit tragend für den Aussagesinn sind. Nach der Überschrift müssen die Kreisdiagramme entschlüsselt werden. Da eine Legende fehlt, muss über die Zuordnung der Zahlen in den weiß markierten ‚Tortenstücken‘ erschlossen werden, dass sich hierin die relevanten Aussagen verbergen. Wenn der Leser über das Wissen verfügt, dass die Tortenstücke Verhältnisse anzeigen, können die einzelnen Diagramme entschlüsselt werden. Eine Bezeichnung für die weiß markierten Tortenstücke fehlt allerdings. Für das vorliegende Bildelement kann festgestellt werden, dass, von oben nach unten gelesen, der Anteil der Wiesen und Weiden zunimmt. Auch dieses Bildelement muss nun auf die anderen Elemente bezogen werden. Der Leser muss dazu zunächst einen Bezug zur Profillinie im ersten Bildelement herstellen (je höher der Ort liegt, desto größer ist der Anteil an Wiesen und Weiden) und diese Erkenntnis dann mit den Mittleren Jahrestemperaturen und Jahresniederschlägen verbinden (je mehr Niederschlag und je geringer die Temperatur, desto mehr Wiesen und Weiden bestehen).

Die Analyse bestätigt die Annahme von der Komplexität von Bildern bzw. Darstellungen durch dieses Beispiel. Die zunächst sehr übersichtlich wirkende Darstellung zeigt, wie viel Kenntnis von Bildstrukturen nötig ist, um Schaubilder entschlüsseln zu können.

3.2 Didaktisch-methodische Hinweise und Übungsvorschläge

Genau wie bei den kontinuierlichen Texten können die Schülerinnen und Schüler in drei Phasen beim Verstehen von informierenden Bildern unterstützt werden.

Auch hier sollen die Übungen vor dem Lesen das Vorwissen der Schülerinnen und Schüler zum Thema aktivieren. Die Übungen während des Lesens sind so gestaltet, dass ein ‚Leseweg‘ durch die Grafik gekennzeichnet ist, den die Schülerinnen und Schüler nachvollziehen sollen. Die Übungen nach dem Lesen des Schaubildes sollen zur Weiterarbeit und

Reflexion anregen, indem sie als Grundlage für ein Gespräch über die Frage genutzt werden können, was die Schülerinnen und Schüler Neues erfahren haben.

Die nachfolgenden Übungsvorschläge und Aufgaben berücksichtigen diese drei Phasen. Da es für jede Phase mehrere geeignete Übungen gibt, werden hier einige Übungsvorschläge gemacht, um verschiedene Möglichkeiten aufzuzeigen.

1. Vor dem Lesen

Übungsvorschlag 1: Attribute für das Allgäu finden (KV 1)

Den Schülerinnen und Schülern werden Fotos vom Allgäu präsentiert, so dass sie eine Vorstellung vom Allgäu erhalten. Sie sollen passende Ausdrücke für das Allgäu finden.

Übungsvorschlag 2: Fragengeleitete Recherche zum Allgäu (KV 1)

Bei dieser Übung geht es darum, dass sich die Schülerinnen und Schüler eigene Fragen zum Thema der Grafik ausdenken, um diese in Partnerarbeit zu beantworten.

Beispiele für Recherchefragen:

Wieso ist das Allgäu so grün?
Wieso gibt es kaum Städte?

2. Während des Lesens

Übungsvorschlag 1: Einen Weg durch das Schaubild finden (KV 2)

Diese Übung ist so gestaltet, dass ein ‚Leseweg' durch die Grafik gekennzeichnet ist, den die Schülerinnen und Schüler nachvollziehen sollen.

Übungsvorschlag 2: Schaubildelemente unterscheiden (KV 3)

Hierbei sollen die Schülerinnen und Schüler einen Lückentext mit den passenden Begriffen füllen. Diese sind in einem Wortspeicher angeboten.

Hinweis für die Lehrkraft zu Grafik 3: Die Kreisdiagramme können missverstanden werden, da durch die Nennung von „Wiese und Weide" in der Überschrift und durch die fehlende Beschriftung der Kreisdiagramme der Bezug der Farben in den Diagrammen unklar sein könnte. Dies könnte dazu führen, dass Schülerinnen und Schüler der einen Fläche das Wort Wiese zuordnen und der zweiten Fläche das Wort Weide, statt von der gesamten landwirtschaftlichen Nutzfläche ausgehend Wiese und Weide als eine gemeinsame Nutzform zu erkennen. Dieses mögliche Missverständnis muss im Hinblick auf das fachliche Konzept berücksichtigt werden. Der Übungsvorschlag 2 ist so konzipiert, dass die Satzkonstruktion zu Grafik 3 dieses mögliche Missverständnis verhindern kann. Dennoch sollte der Aufbau der Kreisdiagramme im Hinblick auf die Erschließung des Fachkonzeptes thematisiert werden.

3. Nach dem Lesen

Übungsvorschlag 1: Das Schaubild als Gesprächsgrundlage nutzen (KV 3)

Um die Weiterarbeit mit Erkenntnissen aus dem Schaubild anzuregen, sollen die Schülerinnen und Schüler in dieser Übung zunächst ihren Lernprozess reflektieren. Dabei sollen sie durch Formulierungshilfen unterstützt werden. Somit kann durch diese Übung eine spätere selbstständige Beschreibung eines Diagramms im Gesellschaftslehreunterricht angebahnt werden.

Übungsvorschlag 2: Das Schaubild erklären (KV 3)

Mit dem Erklären eines Schaubildes haben Schülerinnen und Schüler häufig zu tun. Deshalb sollte eine solche Aufgabe sprachlich und inhaltlich aufbereitet werden. Bei der Aufgabe geht es vor allem darum, die Bestandteile des Schaubilds im Zusammenhang zu erklären und die Hauptaussagen zu erschließen.

📖 Attribute für das Allgäu finden

Bevor du dir eine Grafik genau anschaust, kannst du dir schon Gedanken über das Thema machen. Häufig geben eine Überschrift oder ein Untertitel Hinweise darauf, worum es in der Grafik geht. Manchmal gibt es aber auch Bilder, die das Thema veranschaulichen.

So sieht es im Allgäu aus:

Y. Cakir-Dikkaya (Hrsg.) / T. Altun / K. Günther / E. Lipkowski: DAZ für den Fachunterricht GeWi
Illustration: A. Kahl Foto: oben: Fotolia/Alexander Rochau, unten: Fotolia/rupbilder

KV 1

📖 Fragengeleitete Recherche zum Allgäu

1. 👤/👥 *Die Fotos zeigen dir, wie im es Allgäu aussieht. Schau sie dir genau an.*

    a) *Finde zu den Fotos Ausdrücke (Adjektive, Nomen, Verben oder Verbindungen daraus), die das Allgäu beschreiben, z. B. grün, groß, Weide, Gras …*

    b) *Schreibe die Ausdrücke auf, die dir einfallen.*

_____

_____

_____

_____

_____

    c) *Tauscht euch in der Klasse über eure Begriffe aus. Ergänzt eure Liste entsprechend.*

2. 👥/👥 *Arbeitet zum Thema „Landwirtschaft im Allgäu".*

    a) *Überlegt euch Fragen, die ihr zur Überschrift „Landwirtschaft im Allgäu" stellen könnt. Nutzt dazu auch die Fotos vom Allgäu.*

Beispiele für Fragen:
Wieso ist das Allgäu so grün?
Wieso gibt es kaum Städte? ...

_____

_____

_____

_____

    b) *Tauscht euch in Kleingruppen über eure Fragen aus und verteilt sie innerhalb der Gruppe.*

    c) *Recherchiert nun mithilfe von Lexikon-Artikeln, dem Internet etc. und versucht Antworten auf eure Fragen zu finden.*

    d) *Tragt eure Ergebnisse in der Gruppe auf einem Plakat zusammen und stellt sie in der Klasse vor.*

Y. Cakir-Dikkaya (Hrsg.) / T. Altun / K. Günther / E. Lipkowski: DAZ für den Fachunterricht GeWi
Illustration: A. Kahl

KV 1

W Einen Weg durch das Schaubild finden (1)

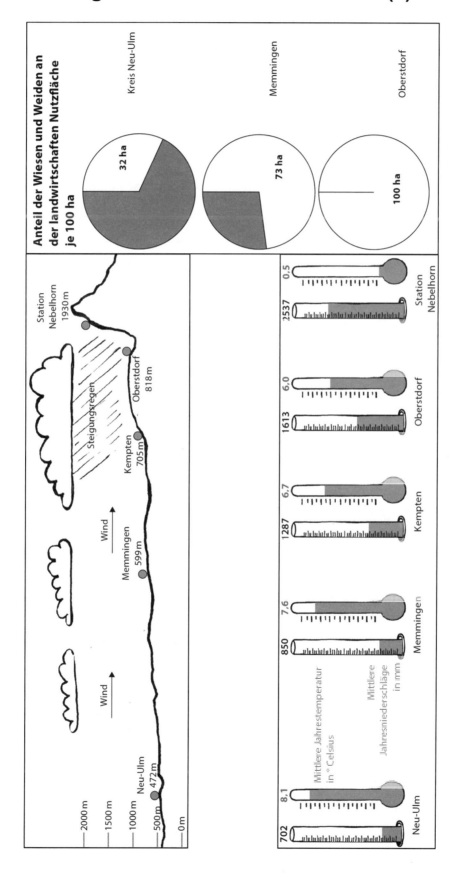

Y. Cakir-Dikkaya (Hrsg.) / T. Altun / K. Günther / E. Lipkowski: DAZ für den Fachunterricht GeWi
Illustration: A. Kahl

KV 2

W📖 Einen Weg durch das Schaubild finden (2)

1. 🗻 *Lies das Schaubild mit den angegebenen Hilfen.*

   a) *Beginne mit dem als 1 gekennzeichneten Bild:*

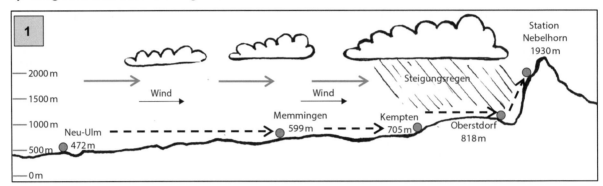

Folge den gestrichelten Pfeilen und beschreibe, was du siehst. Die Verben zu den Pfeilen können dir bei der Formulierung helfen.

> **Verben für die Beschreibung:**
> gestrichelte Pfeile: *(stark/sehr stark) ansteigen, an Höhe zunehmen, höher liegen (als)*

_____

_____

_____

Folge dann den grauen Pfeilen und beschreibe die Entwicklung der Wolken.
Nutze für die Beschreibung die Hilfen im Kästchen.

> **Verben für die Beschreibung:**
> graue Pfeile: *kondensieren, (Wolken) bilden, zunehmen, größer werden, abregnen*

_____

_____

Überlege, welche Informationen du noch hinzufügen möchtest.

_____

_____

_____

Y. Cakir-Dikkaya (Hrsg.) / T. Altun / K. Günther / E. Lipkowski: DAZ für den Fachunterricht GeWi
Illustration: A. Kahl

KV 2

Name: _____   Datum: _____

W☐ Einen Weg durch das Schaubild finden (3)

b) *Lies nun das mit 2 gekennzeichnete Bild:*

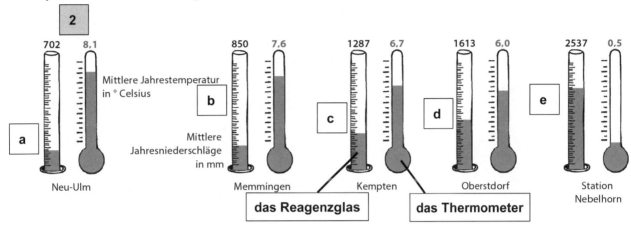

Begriffe für die Beschreibung:

das Reagenzglas: *gefüllt sein, die Säule, der Niederschlag, auffangen, viel, wenig*

das Thermometer: *die Quecksilbersäule, anzeigen, die Temperatur, hoch, niedrig, warm, kalt*

Beschreibe zunächst die mit a markierten Symbole. Achte auf ihre Bezeichnungen.

_____

_____

_____

Beschreibe dann die Bilder von b bis e.

_____

_____

_____

Überlege, welcher Zusammenhang zum Bild 1 besteht. Vervollständige dazu die folgenden Sätze:

In Bild 1 wird dargestellt, _____

In Bild 2 wird dargestellt, _____

Die Bilder gehören zusammen, weil _____

Y. Cakir-Dikkaya (Hrsg.) / T. Altun / K. Günther / E. Lipkowski: DAZ für den Fachunterricht GeWi
Illustration: A. Kahl

📖 Einen Weg durch das Schaubild finden (4)

c) Betrachte nun Teil 3 des Schaubildes:

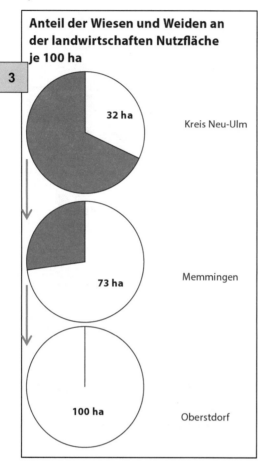

Anteil der Wiesen und Weiden an der landwirtschaften Nutzfläche je 100 ha

3

32 ha   Kreis Neu-Ulm

73 ha   Memmingen

100 ha   Oberstdorf

Beschreibe die drei Kreisdiagramme entsprechend der Pfeile von oben nach unten.

Überlege insbesondere, was die weißen „Tortenstücke" aussagen, die mit der Zahl und der Maßeinheit Hektar (ha) gekennzeichnet sind.

Überlege, wie sie zu den Bildern 1 und 2 passen. Nutze dazu die Hilfen:

- Das Bild 3 passt zu den anderen Bildern, weil …
- Die Bilder 1 und 2 zeigen … Das Bild 3 zeigt außerdem, …
- Das Bild 3 ergänzt die anderen Bilder, weil …

2. 🧍 *Überlege nun, was das Schaubild aussagt, wenn man alle drei Bildteile berücksichtigt.*

Worterklärungen:

- **mittlere Jahresniederschläge:** gibt die Regenmenge an, die im Durchschnitt über ein Jahr gefallen ist. Das bedeutet, dass man jeden Monat genau misst, wie viel Regen gefallen ist, diese Niederschlagsmengen zusammenzählt und durch 12 (Monate) teilt, also den Durchschnitt errechnet.
- **die mittlere Jahrestemperatur:** ein Jahr lang werden in bestimmten zeitlichen Abständen die Temperaturen an einem bestimmten Ort gemessen. Aus den einzelnen Werten wird am Ende des Jahres der Durchschnitt errechnet.
- **mm:** der Millimeter, Teil der Maßeinheit Meter. 1000 Millimeter (abgekürzt: 1 mm) entsprechen einem Meter.
- **°Celsius:** das Grad Celsius. Dies ist eine Maßeinheit für die Temperatur. Es gibt noch andere Maßeinheiten, wie etwa die Einheiten Kelvin oder Fahrenheit.
- **ha:** der Hektar. Der Hektar ist eine Maßeinheit für eine Fläche. Ein Hektar (abgekürzt: 1 ha) entspricht 10.000 m^2 (also Quadratmetern).

Y. Cakir-Dikkaya (Hrsg.) / T. Altun / K. Günther / E. Lipkowski: DAZ für den Fachunterricht GeWi
Illustration: A. Kahl

KV 2

[N] Das Schaubild erklären (1)

1. [N] *Unterscheide die Schaubildelemente. Trage die unten stehenden Wörter in die passenden Lücken ein. Ergänze auch deine Ergebnisse.*

> *Zeichnungen und Bilder, die Entwicklung des Wetters im Allgäu, Säulen, Thermometer, Reagenzglas, Kreisdiagramme, landwirtschaftlichen Nutzfläche*

Grafik 1:

Es handelt sich um ein Schaubild, das durch _____

die _____ zeigt.

_____

_____

_____

Grafik 2:

Dies ist ein Schaubild, in dem durch _____ Temperaturen und Niederschlag

in verschiedenen Wetterstationen abgebildet wird. Die Temperatur kann am

_____ und der Niederschlag am _____ abgelesen werden.

_____

_____

_____

Grafik 3:

Das Schaubild zeigt drei _____. Jede Abbildung stellt

den Anteil der Wiesen und Weiden an der gesamten _____

_____ dar.

_____

_____

_____

Y. Cakir-Dikkaya (Hrsg.) / T. Altun / K. Günther / E. Lipkowski: DAZ für den Fachunterricht GeWi
Illustration: A. Kahl

N📖 Das Schaubild erklären (2)

2. 👥/👥 *Überlegt in Partnerarbeit, was ihr durch das Schaubild Neues erfahren habt.*

a) *Haltet eure Überlegungen in Stichpunkten fest.*

Nutzt dafür die folgenden Satzbausteine:
- Ich habe/Wir haben erfahren…
- Das Schaubild zeigt uns…
- Für mich/für uns ist neu…

_____

_____

_____

_____

_____

_____

b) *Tauscht euch anschließend im Klassengespräch darüber aus.*

3. 🗿 *Erkläre, wie die Fotos vom Allgäu und das Diagramm zusammenpassen. Halte deine Überlegungen schriftlich fest. Nutze dazu auch die Satz- und Wortbausteine.*

Satz- und Wortbausteine:
- Schaubild und Foto passen zusammen, weil …
- Auf dem Foto ist zu sehen …
- Im Schaubild ist zu sehen …
- … ist genauso wie …
- … zeigt sich …
- … kann man entdecken …

_____

_____

_____

_____

_____

_____

Y. Cakir-Dikkaya (Hrsg.) / T. Altun / K. Günther / E. Lipkowski: DAZ für den Fachunterricht GeWi
Illustration: A. Kahl

KV 3

4 Der Einsatz einer Karte

Karten werden in allen drei Teildisziplinen der Gesellschaftslehre verwendet. Sie können als historische Karte auftauchen und wichtige historische Ereignisse darstellen (z. B. die Entwicklung des 1. Weltkriegs), sie können als topographische Karten Geländeformen darstellen oder als politische Karten politische Einheiten, wie etwa Staatsgebiete, veranschaulichen. Das Entschlüsseln von Karten kann also als wesentliche Kompetenz angenommen werden. Schülerinnen und Schüler brauchen somit Werkzeuge und Strategien, diese lesen zu können (wie in Kapitel 3 ausgeführt, handelt es sich um einen diskontinuierlichen Text).

Da Karten (ebenso wie Schaubilder) eher spracharm sind, benötigen die Schülerinnen und Schüler neben den fachlichen gerade auch die sprachlichen Mittel, um Karten zur Sprache bringen zu können.

Hier soll beispielhaft gezeigt werden, wie man eine Karte im Unterricht einsetzen kann. Dabei handelt es sich um eine Karte aus einem Gesellschaftslehrelehrwerk der Sekundarstufe I. Sie ist für die 7./8.

Klasse gedacht und in den Themenbereich „Industrielle Revolution" eingegliedert.

4.1 Welches sprachliche Wissen müssen die Schülerinnen und Schüler für das Verständnis der Karte mitbringen?

Auch hier gilt: Bevor man eine Karte im Unterricht einsetzt, sollte man sie analysieren, um zu sehen, welche sprachlichen Anforderungen für das Verständnis und den Umgang mit der Karte erforderlich sind. Deshalb erfolgt hier zunächst eine Analyse des Materials auf verschiedenen sprachlichen Ebenen.

Die Karte trägt eine Bildunterschrift zur Einordnung, die eine explizite Überschrift ersetzt. Sie zeigt die Karte Europas. Es handelt sich um eine historisch-thematische Karte (Wirtschaftskarte), die die Industriegebiete in Europa zwischen 1800–1900 abbildet. Das Erscheinungsjahr der Karte ist nicht angegeben. Eine Legende am rechten oberen Bildrand erläutert die Kartensymbole.

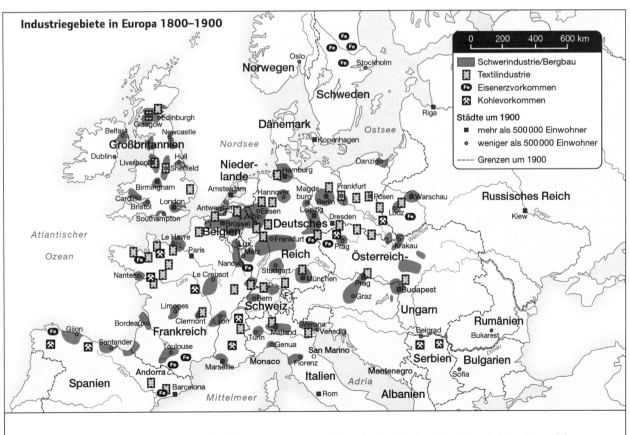

Aus: Brokemper, Peter / Köster, Elisabeth / Potente, Dieter (2012): Geschichte Real Nordrhein-Westfalen, Bd 2. Berlin: Cornelsen, S. 178.

Die Karte muss also mit der Legende gelesen werden, um ihr Sinn entnehmen zu können. Sie verrät dabei zum einen den Maßstab, nennt weiterhin vier wirtschaftliche Kategorien: Schwerindustrie/Bergbau, Textilindustrie, Eisenerzvorkommen und Kohlevorkommen. Das bedeutet, dass der Leser differenzieren können muss in verarbeitende Industrie und Rohstoffvorkommen. Außerdem stellt die Karte die Städte um 1900 dar und differenziert diese nach Größe in zwei Kategorien.

Man muss also wissen, dass in der Legende die Grundinformationen zu finden sind, um die Karte lesen zu können. Diese Erklärungen, die meist aus einem Wort oder einer kurzen Wendung bestehen, müssen somit auf die Karte übertragen und in der Auswertung aufeinander bezogen werden.

Um die Informationen der Legende nun auf die Karte zu übertragen, ist eine Systematisierung nötig. Diese Systematisierung kann auf verschiedenen Wegen erfolgen:

Die Karte wird aus einer bestimmten geografischen Richtung gelesen, also etwa von Nord nach Süd etc. oder sie wird anhand der einzelnen Merkmale aus der Legende gelesen, also etwa entsprechend der Frage, wo in Europa Textilindustrien ansässig waren. Dabei kann weiterhin nach Häufigkeit differenziert werden.

Diese beiden einfachen Beispiele für unterschiedliche Leserichtungen oder -arten können weiter vervollständigt werden, sie zeigen jedoch schon, dass unterschiedliche Zugriffe auf Karten möglich sind. Diese müssen gerade mit der Kartenarbeit unerfahrene Schülerinnen und Schüler erst lernen. Denn: „Gerade schwache Schülerinnen und Schüler haben Schwierigkeiten damit, Informationen aus Bildern wahrzunehmen und ihre mentalen Repräsentationen wiederzugeben." (Oleschko 2012, S. 12)[5]

Außerdem müssen Schülerinnen und Schüler ihre Lesart versprachlichen können: Das bedeutet, dass sie erklären können müssen, was überhaupt beschrieben wird und wie, bevor die eigentliche Beschreibung erfolgen kann. Neben der übergeordneten Textsortenkenntnis benötigen Schülerinnen und Schüler dafür konkrete sprachliche Mittel auf der Wortebene. Im Folgenden sollen am Beispiel der vorliegenden Karte Übungen gezeigt werden, wie Schülerinnen und Schüler beim Lesen eines solchen Schaubildes unterstützt werden können, um die Karte zu beschreiben.

Dazu muss zunächst geklärt werden, welcher Fachwortschatz für die vorliegende Karte benötigt wird. Im Hinblick auf die Übungen muss außerdem unterschieden werden in rezeptiven und produktiven Wortschatz. Mit dem rezeptiven Wortschatz ist der Wortschatz gemeint, der für das Lesen bzw. Verstehen der Karte benötigt wird, also der Verstehenswortschatz. Dieser wird bestenfalls in den produktiven Wortschatz überführt, den die Schülerinnen und Schüler benötigen, um z. B. die Beschreibung einer Karte leisten zu können, also der Ausdruckswortschatz. Sie müssen den thematischen Wortschatz also in aller Regel verstehen und produzieren, eben anwenden können. Dabei ist neben den Nomen gerade auch für die Produktion die Klärung oder Bereitstellung von fachspezifischen Verben und Adjektiven von hoher Bedeutung, ebenso die lokalen Präpositionen (z. B. zur Richtungsangabe) oder auch Adverbien zur Fokussierung des zuvor Genannten.

---

5 Oleschko, S. (2012). Sprache in Schaubildern. Potentielle Schwierigkeiten von Schaubildern bei ihrem Einsatz im Unterricht. Praxis Politik, 2/2012, 12–13.

Für das Verstehen und Verbalisieren der Karteninhalte benötigen sie u. a. den folgenden Wortschatz. Er kann je nach Lernergruppe variieren, das heißt für sprachschwächere Schülerinnen und Schüler müssen u. U. weitere sprachliche Hilfen zur Verfügung gestellt werden:

Fachwortschatz für die Karten-Unterschrift	das Industriegebiet
Fachwortschatz für die Legende	die Legende
	das Symbol
	(an-)zeigen
	die Schwerindustrie
	der Bergbau
	das Eisenerzvorkommen
	das Kohlevorkommen
	der Einwohner
	der Maßstab
	angeben
Fachwortschatz für die Karte	das Gebiet
	die Kennzeichen
	die (europäischen) Länder
	die Verteilung – verteilen
	die Bodenschätze
	die Industrie
	die Vorkommen – vorkommen
	die Verteilung – verteilen
	groß – klein
	hoch – niedrig
	geballt – verteilt
	entfernt – nah
	markieren
	angrenzend
	insbesondere, vorwiegend
	oberhalb/unterhalb von
	das Ballungsgebiet
	sich konzentrieren (auf)
	nördlich/östlich/südlich/westlich (von) der

Weiterführende sprachliche Hilfen zur Versprachlichung der Karteninhalte für die Binnendifferenzierung:

Sprachliche Hilfen für die Unterschrift	Die Karte zeigt die wirtschaftliche Entwicklung …
	Mithilfe der Kartenunterschrift kann man eststellen, …
	Die industrielle Entwicklung: Das Thema der Karte ist …
Sprachliche Hilfen für die Legende	(an-)zeigen: Die Farben … zeigen die/den/das …
	der Einwohner/die Einwohnerzahl: Die Einwohnerzahl liegt in/im … bei
	der Maßstab: Die Stadt/das Land/das Reich … liegt etwa … km … von …
Sprachliche Hilfen für die Karte	das Gebiet: Die Schwerindustrie/Der Bergbau konzentriert sich auf das Gebiet …
	Es ist eine physische/thematische Karte.
	Im Vordergrund/Hintergrund sieht man …
	In der Kartenmitte sieht man …

4.2 Didaktisch-methodische Hinweise und Übungsvorschläge

Auch bei der Arbeit mit einer Karte als diskontinuierliche Textsorte können die Schülerinnen und Schüler in drei Phasen beim Verstehen von informierenden Bildern unterstützt werden. Die nachfolgenden Übungsvorschläge und Aufgaben berücksichtigen diese drei Phasen.

1. Vor dem Lesen

Übungsvorschlag 1: Ein Wortfeld erstellen (KV 1)
Die Übung eignet sich zur Sammlung von themenspezifischen Wörtern zur Kartenarbeit. Die Schülerinnen und Schüler sammeln als Erstes in Gruppenarbeit Wörter zum Wortfeld „die Karte".
Die Ergebnisse der Gruppenarbeit werden im Plenum besprochen. Anschließend wird im Plenum entschieden, welche der Begriffe aus den Wortfeldern der Schülerinnen und Schüler in ein gemeinsames Wortfeld überführt werden. Dieses kann beispielsweise als Plakat im Klassenraum für alle sichtbar gemacht werden. Dazu eignet sich ein vorbereitetes DIN-A3-Format, auf dem z. B ein Protokollant alle Ergebnisse festhalten kann. Das Plakat kann so für die weiteren Unterrichtseinheiten verwendet werden.

Mit solchen oder ähnlichen Impulsen kann die

Lehrkraft den Einsatz einer Karte einleiten:

Wenn du im Unterricht mit Karten arbeitest, musst du die Eigenschaften einer Karte genau kennen. Was macht eine Karte aus? Wie ist eine Karte gestaltet? Was kommt auf einer Karte immer vor? Wenn du diese und weitere wichtige Fragen zur Karte beantworten kannst, kannst du eine Karte auch richtig lesen und untersuchen.

Übungsvorschlag 2: Unterbegriffe finden (KV 1)
Für diese Übung müssen zunächst Oberbegriffe von der Lehrkraft festgelegt werden. In diesem Beispiel eignen sich dazu u. a.:
• die Legende
• die Karte
• die Länder
• die Industriegebiete
…

Jede Gruppe kann dazu eine Tabelle anfertigen, die z. B. so aussehen kann:

Lösungsbeispiel:

Die Legende
die Symbole
die Zeichen
die Orientierung
der Maßstab
die Erklärungen
…

2. Während des Lesens einer Karte

Übungsvorschlag 1: Bestimmung des Kartentyps (KV 2)

Mit dieser Übung werden die Schülerinnen und Schüler auf das fokussierte Lesen oder Auswerten bzw. Interpretieren einer Karte vorbereitet. Zu Beginn des Leseprozesses bestimmen sie den Kartentyp, um anschließend, ausgehend von einer Aufgabe, die Karte entsprechend zu entschlüsseln, zu bewerten oder eine eigene einfache Karte zu erstellen.

Dabei werden als übergeordnete Kartentypen zunächst einmal physische und thematische Karten unterschieden, so wie dies auch in Lehrwerken gängig ist. Diese Unterscheidung soll durch die Aufgabe 1 ins Gedächtnis gerufen werden. Die Unterscheidung kann auch durch diese Übung eingeführt werden. Allerdings benötigen die Schülerinnen und Schüler dann die Unterstützung der Lehrperson. Sie ist wichtig, um im nachfolgenden Schritt die vorliegende Karte einordnen zu können. Sie erkennen, dass es sich um eine thematische Karte handelt und ordnen sie dann innerhalb dieser Kategorie als historische Karte ein.

Vorgehen:
Den Lernern werden Eigenschaftenkarten zur Beschreibung einer physischen und einer thematischen Karte zur Verfügung gestellt, die sie dann der vorliegenden Karte zuordnen sollen.

Für diese Aufgabe müssen die Schülerinnen und Schüler folgende Eigenschaften von Karten kennen:

Kartographische Gestaltungsmittel wie Legende, Maßstab/Maßstableiste, Symbole usw.

> Lösung der Aufgabe 1 aus Arbeitsblatt 3:
>
> a) → physische Karte; b) → thematische Karte;
> c) → thematische Karte; d) → physische Karte

Übungsvorschlag 2: Fachwörter in die Karte einordnen (KV 2)

Bei dieser Übung sollen die Schülerinnen und Schüler ausgewählte Begriffe und ihre Erklärungen mit den Symbolen in der Karte in Verbindung bringen, um so einen ersten Zugang zur Karte zu ermöglichen. Für diese Übung sollten den Lernern Nachschlagewerke bereitgestellt werden (das Lehrwerk, sofern es ein Lexikon im Anhang hat; weiterführende Nachschlagewerke; Internet). Je nach Lernergruppe können die unterschiedlichen Aufgabenmöglichkeiten eingesetzt werden.

Möglichkeit 1:
Die Schülerinnen und Schüler erklären die Begriffe selbstständig (unter Rückgriff auf Nachschlagewerke) und ordnen die Begriffe in die Karte ein. Die vorgegebenen Linien sollen eine Hilfe darstellen.

Möglichkeit 2:
Die Schülerinnen und Schülern suchen zu den Fachbegriffen die passenden Erklärungen. Diese sind bei dieser Variante vorgegeben, auf dem Arbeitsblatt aber nicht in der richtigen Reihenfolge. Dann ordnen sie die Begriffe den Linien auf der Karte zu.

Möglichkeit 3:
Die Schülerinnen und Schülern erhalten eine Tabelle (s. o.) mit den Fachbegriffen und den passenden Erklärungen. Sie ordnen diese den Linien auf der Karte zu.

3. Nach dem Lesen

Übungsvorschlag 1: Eine Karte beschreiben (KV 3)

Das Beschreiben einer Karte kann sich auf topographische Eigenschaften, aber auch auf thematische Schwerpunkte beziehen. Im Geschichtsunterricht spielt der historische Kontext eine zusätzliche Rolle. Bei dieser Übung sollen die Schülerinnen und Schüler die Karte beschreiben, indem sie die Entwicklung der Industrialisierung in Europa zwischen 1800 und 1900 darstellen. Über sprachliche Hilfen soll die Karte beschrieben werden.

Um die Schülerinnen und Schüler in ihrer Kartenbeschreibung zu unterstützen, wird die Beschreibung in Teilschritte aufgegliedert. Zu jedem Teilschritt erhalten sie entsprechende Satzanfänge, die vorab mit ihnen besprochen werden sollten. Dieser Schritt soll sicherstellen, dass für die Schülerinnen und Schüler ersichtlich wird, welche Funktion die entsprechenden Satzbausteine innerhalb der Gesamtbeschreibung übernehmen. So können sie dafür sensibilisiert werden, dass hinter einer Beschreibung einer Karte eine fachspezifische Textsorte steckt, die mit bestimmten sprachlichen Mitteln realisiert wird. Da Textsortenwissen kulturell geprägt sein kann, ist die Kenntnis solcher Wissensstrukturen gerade für mehrsprachige Lerner besonders bedeutsam.

Übungsvorschlag 2: Aussageabsicht einer Karte formulieren (KV 3)

Das Formulieren der Aussageabsicht einer Karte schließt den Leseprozess ab. Aus diesem Grund gehört diese Übung an den Schluss der Kartenarbeit. Für Schülerinnen und Schüler stellt dieser Schritt eine sehr hohe Anforderung dar. Eine solche Aufgabe verlangt von ihnen, dass sie das Textsortenwissen zur Beschreibung besitzen sowie den Inhalt der Karte und damit das dahinterstehende Fachkonzept erschlossen haben und es nun verbindend versprachlichen. Die Schülerinnen und Schüler sollten nicht nur die in der Übung vorgegebenen Satzbausteine erhalten, es sollte außerdem der Zweck der sprachlichen Mittel (in dieser Aufgabe die Satzanfänge) geklärt werden. Hierbei könnte die Lehrkraft beispielsweise über das sogenannte „laute Denken" eine mögliche Aussageabsicht modellieren.

[V]📖 Ein Wortfeld erstellen

1. 👥 *Erstellt ein Wortfeld in Gruppenarbeit.*

  a) *Legt ein Blatt Papier bereit. Sammelt alle Begriffe zum Wort Karte.*
  b) *Notiert die Begriffe unten um den Kreis mit dem Wort Karte. Zieht Verbindungs-linien zur Mitte oder zu anderen Begriffen, die zueinander passen.*

Beachtet: Schreibt den richtigen Artikel zu den Nomen. Findet den Gegensatz zu den Adjektiven, so dass ihr Gegensatzpaare bilden könnt, z. B. dick – dünn oder wichtig – unwichtig …

Beispiele zur Wörtersammlung „die Karte":
* die Legende
* die Himmelsrichtung, die Himmelsrichtungen
* die Abkürzung, die Abkürzungen

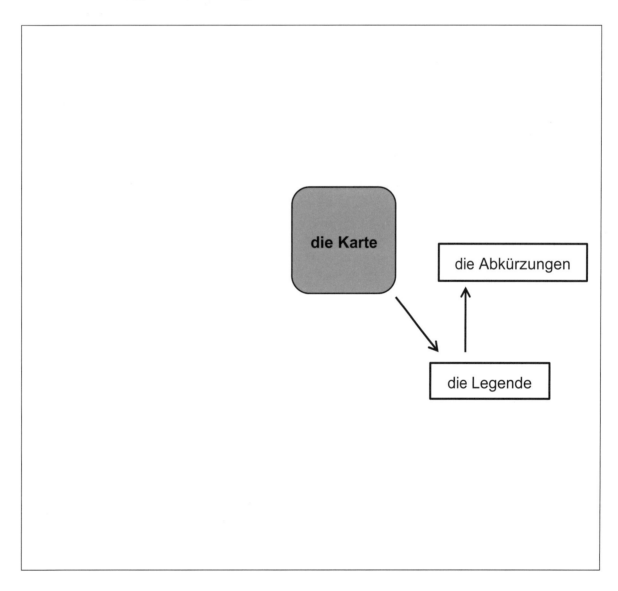

Y. Cakir-Dikkaya (Hrsg.) / T. Altun / K. Günther / E. Lipkowski: DAZ für den Fachunterricht GeWi
Illustration: A. Kahl

KV 1

[v] 📖 Unterbegriffe finden

2. 👀 *Findet Unterbegriffe.*

a) *In der Tabelle findet ihr Begriffe, die für die Kartenarbeit wichtig sind. Sucht zu diesen Begriffen passende Unterbegriffe und tragt diese ein.*

Zur Erklärung: Unterbegriffe sind Teile des Oberbegriffes. Oberbegriffe helfen euch, andere Wörter zusammenzufassen, die etwas gemeinsam haben.

Beispiel:
Ein Maßstab ist ein Teil des Oberbegriffs ‚die Legende'.

Begriff	die Legende
Unterbegriffe	*der Maßstab*
	die Zeichen

Begriff	die Industriegebiete
Unterbegriffe	

Begriff	die Länder
Unterbegriffe	

KV 1

Name:	Datum:

W📖 Bestimmung des Kartentyps (1)

1. *Bevor du die Inhalte der Karte untersuchst, solltest du den Kartentyp herausfinden: Handelt es sich um eine physische Karte oder eine thematische Karte?*

Ordne die Eigenschaften den Kartentypen zu. Welche Eigenschaft passt zu einer physischen Karte, welche Eigenschaften zu einer thematischen Karte? Schreibe folgende Sätze zu den entsprechenden Eigenschaften.

- *Das ist eine Eigenschaft einer physischen Karte.*
- *Das ist eine Eigenschaft einer thematischen Karte.*
- *Diese Eigenschaft ist der physischen Karte zuzuschreiben.*
- *Diese Eigenschaft ist der thematischen Karte zuzuschreiben.*

a) *Ich kann die Landhöhe der Land-schaften auf der Karte erkennen.*	_____ _____
b) *Die Legende der Karte ist besonders wichtig. Die Farben haben für das Thema eine besondere Bedeutung.*	_____ _____ _____
c) *Die Karte hat Informationen zu einem bestimmten Thema wie Wirtschaft, Verkehr oder Klima*	_____ _____
d) *Ich kann die Lage der Flüsse, der Städte, der Länder, der Meere usw. gut erkennen.*	_____ _____

2. *Bestimme nun den Kartentyp der vorliegenden Karte, indem du mithilfe der zutreffenden Aussagen 1 a) bis d) begründest:*

Bei der Karte *Industriegebiete in Europa 1800 bis 1900* handelt es sich um

_____

_____

Begründung: _____

_____

Name: _____   Datum: _____

W⃞ Bestimmung des Kartentyps (1)

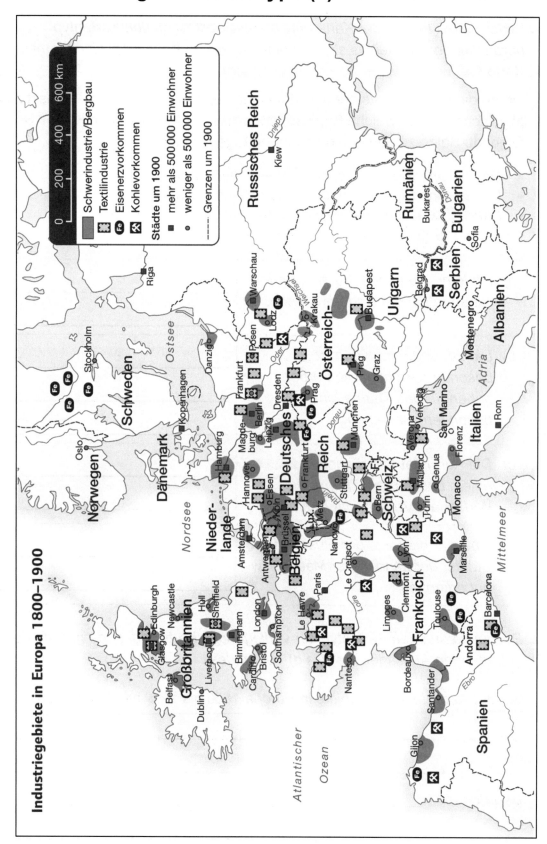

Industriegebiete in Europa 1800–1900

Y. Cakir-Dikkaya (Hrsg.) / T. Altun / K. Günther / E. Lipkowski: DAZ für den Fachunterricht GeWi

Illustration: A. Kahl   Karte: Carlos Borrell

KV 2

Name: Datum:

W☐ Fachwörter in die Karte einordnen (2)

3. 🏛 *Trage die Begriffe an der passenden Stelle in die Karte ein.*

> die Schwerindustrie/der Bergbau, kleinere Stadt, große Stadt, die Legende,
> die Textilindustrie, das Eisenerzvorkommen, das Kohlevorkommen, die Grenze

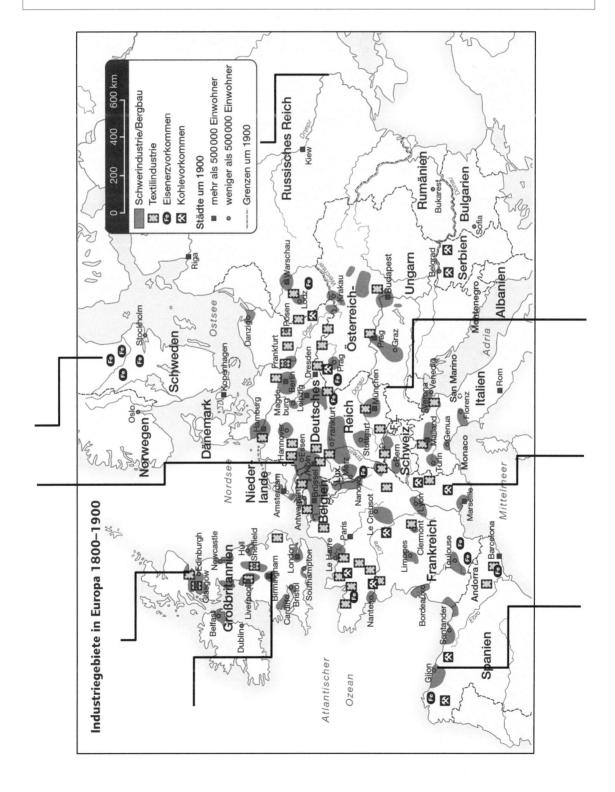

Y. Cakir-Dikkaya (Hrsg.) / T. Altun / K. Günther / E. Lipkowski: DAZ für den Fachunterricht GeWi
Illustration: A. Kahl Karte: Carlos Borrell

KV 2

📖 Fachwörter in die Karte einordnen (3a)

4. 👤 *Ordne die Fachwörter in die Karte ein.*

    a) *Lies dir alle Begriffe in der Tabelle durch.*
    b) *Recherchiere alle Begriffe (z. B. in deinem Buch, in einem Lexikon oder im Internet). Ihre Bedeutung kannst du in die zweite Spalte der Tabelle eintragen.*

Begriff	Erklärung
das Gebiet	
die Länder	
die Bodenschätze	
die Industrie	
das Ballungsgebiet	
nördlich, südlich, östlich, westlich	
die Schwerindustrie	
der Bergbau	
das Eisenerzvorkommen	
das Kohlevorkommen	
der Maßstab	

Y. Cakir-Dikkaya (Hrsg.) / T. Altun / K. Günther / E. Lipkowski: DAZ für den Fachunterricht GeWi
Illustration: A. Kahl

KV 2

W☐ Fachwörter in die Karte einordnen (3b)

5. ⬛ *Lies dir die Erklärungen zu den Begriffen durch und trage die Begriffe an die richtigen Stellen in der Karte ein.*

Begriff	Erklärung
die Länder	Der Begriff kann in unterschiedlichen Zusammenhängen benutzt werden. Einmal ist damit ein zusammenhängender Raum gemeint. Es kann z. B. ein Land oder eine Landschaft sein oder ein Bereich, in dem z. B. bestimmte Bodenschätze wie Eisenerz vor-kommen. Dort gibt es immer etwas Gemeinsames, wie bei der vorliegenden Karte die Industrie.
die Bodenschätze	Landschaften werden auf Karten kleiner dargestellt, als sie in Wirklichkeit sind. Die genaue Verkleinerung wird durch den Maßstab festgelegt. Dadurch können die Inhalte der Karte mit der Wirklichkeit verglichen werden. Wenn auf dem Maßstab beispielsweise 1:2000 angegeben ist, sind 1 cm auf der Karte 2000 cm (oder auch 20 m) in Wirklichkeit.
die Industrie	Die Begriffe geben die jeweilige Himmelsrichtung an.
das Gebiet	Dieser Begriff ist ein Oberbegriff für die Betriebe des Bergbaus, der Eisenindustrie und der Stahlindustrie.
die Schwerindustrie	Bei dieser Karte ist mit einem Land ein Gebiet gemeint, das durch politische Grenzen (in der Karte sind das die schwarzen Linien) markiert ist. Es handelt sich in dieser Karte um Länder, die es zwischen 1800 und 1900 gab.

Y. Cakir-Dikkaya (Hrsg.) / T. Altun / K. Günther / E. Lipkowski: DAZ für den Fachunterricht GeWi
Illustration: A. Kahl Karte: Carlos Borrell

KV 2

W▢ Fachwörter in die Karte einordnen (3b)

Begriff	Erklärung
nördlich, südlich, östlich, westlich	Im Erdboden befinden sich manchmal Stoffe, die wertvoll sind. Vor allem die Industrie benötigt solche Stoffe. Dazu gehören z. B. Eisenerz und Kohle, aber auch Gold und Silber.
das Ballungsgebiet	Wenn unter oder über der Erdoberfläche Bodenschätze abgebaut werden, spricht man von Bergbau.
der Bergbau	Es ist eine Verbindung von Eisen und anderem Gestein. Das Eisen wird in der Industrie gebraucht, um daraus Stahl zu produzieren. Man beschreibt damit Gebiete, in denen man Eisenerz finden kann, um es dann abzubauen.
das Eisenerzvorkommen	Dieser Begriff ist ein Oberbegriff für Unternehmen und Fabriken, die Waren herstellen. Mit Waren sind z. B. Werkzeuge gemeint, aber auch Kleidung, Autos und sogar Nahrungsmittel
das Kohlevorkommen	Dies ist ein Gebiet, in dem in einem engen Raum viele Menschen leben oder sich viele Fabriken und Unternehmen befinden. Ein Beispiel ist das Ruhrgebiet, da es hier auf engem Raum viel Industrie und viele Menschen gibt.
der Maßstab	Kohle wird gebraucht, um ein heißes Feuer zu machen, z. B. beim Grillen. In der Industrie braucht man Kohle, um große Öfen (Hochöfen) zu erhitzen. Mit dieser Hitze kann dann z. B. Eisenerz zu Stahl verarbeitet werden. Kohlevorkommen sind Gebiete, in denen man Kohle finden kann, um sie dann abzubauen.

Notizen: _____

_____

_____

Y. Cakir-Dikkaya (Hrsg.) / T. Altun / K. Günther / E. Lipkowski: DAZ für den Fachunterricht GeWi
Illustration: A. Kahl Karte: Carlos Borrell

KV 2

Name:	Datum:

W Fachwörter in die Karte einordnen (3c)

1. 🏆 *Lies dir die Erklärungen zu den Begriffen durch. Ordne die Begriffe richtig zu. Notiere dann die passenden Begriffe zu den Beschreibungen in der Karte.*

> die Länder, die Bodenschätze, die Industrie, das Ballungsgebiet, nördlich/südlich/östlich/westlich, die Schwerindustrie, der Bergbau, das Eisenerzvorkommen, das Kohlevorkommen, der Maßstab, das Gebiet

Begriff	Erklärung
	Der Begriff kann in unterschiedlichen Zusammenhängen benutzt werden. Einmal ist damit ein zusammenhängender Raum gemeint. Es kann z. B. ein Land oder eine Landschaft sein oder ein Bereich, in dem z. B. bestimmte Bodenschätze wie Eisenerz vor-kommen. Dort gibt es immer etwas Gemeinsames, wie bei der vorliegenden Karte die Industrie.
	Landschaften werden auf Karten kleiner dargestellt, als sie in Wirklichkeit sind. Die genaue Verkleinerung wird durch den Maßstab festgelegt. Dadurch können die Inhalte der Karte mit der Wirklichkeit verglichen werden. Wenn auf dem Maßstab beispielsweise 1:2000 angegeben ist, sind 1 cm auf der Karte 2000 cm (oder auch 20 m) in Wirklichkeit.
	Die Begriffe geben die jeweilige Himmelsrichtung an.
	Dieser Begriff ist ein Oberbegriff für die Betriebe des Bergbaus, der Eisenindustrie und der Stahlindustrie.
	Bei dieser Karte ist mit einem Land ein Gebiet gemeint, das durch politische Grenzen (in der Karte sind das die schwarzen Linien) markiert ist. Es handelt sich in dieser Karte um Länder, die es zwischen 1800 und 1900 gab.

Y. Cakir-Dikkaya (Hrsg.) / T. Altun / K. Günther / E. Lipkowski: DAZ für den Fachunterricht GeWi
Illustration: A. Kahl Karte: Carlos Borrell

KV 2

W📖 Fachwörter in die Karte einordnen (3c)

Begriff	Erklärung
	Im Erdboden befinden sich manchmal Stoffe, die wertvoll sind. Vor allem die Industrie benötigt solche Stoffe. Dazu gehören z. B. Eisenerz und Kohle, aber auch Gold und Silber.
	Wenn unter oder über der Erdoberfläche Bodenschätze abgebaut werden, spricht man von Bergbau.
	Es ist eine Verbindung von Eisen und anderem Gestein. Das Eisen wird in der Industrie gebraucht, um daraus Stahl zu produzieren. Man beschreibt damit Gebiete, in denen man Eisenerz finden kann, um es dann abzubauen.
	Dieser Begriff ist ein Oberbegriff für Unternehmen und Fabriken, die Waren herstellen. Mit Waren sind z. B. Werkzeuge gemeint, aber auch Kleidung, Autos und sogar Nahrungsmittel
	Dies ist ein Gebiet, in dem in einem engen Raum viele Menschen leben oder sich viele Fabriken und Unternehmen befinden. Ein Beispiel ist das Ruhrgebiet, da es hier auf engem Raum viel Industrie und viele Menschen gibt.
	Kohle wird gebraucht, um ein heißes Feuer zu machen, z. B. beim Grillen. In der Industrie braucht man Kohle, um große Öfen (Hochöfen) zu erhitzen. Mit dieser Hitze kann dann z. B. Eisenerz zu Stahl verarbeitet werden. Kohlevorkommen sind Gebiete, in denen man Kohle finden kann, um sie dann abzubauen.

Notizen: _____

_____

_____

Y. Cakir-Dikkaya (Hrsg.) / T. Altun / K. Günther / E. Lipkowski: DAZ für den Fachunterricht GeWi
Illustration: A. Kahl Karte: Carlos Borrell

KV 2

N☐ **Eine Karte beschreiben**

1. ⚊ *Beschreibe nun die Karte „Industriegebiete in Europa 1800–1900". Notiere Stichpunkte. Schreibe dann in dein Heft.*

   Damit dir die Beschreibung der Karte gelingt, kannst du die folgenden Punkte nutzen:

---

a) *Versuche zuerst herauszufinden, welches Thema die Karte behandelt. Hierbei kann dir die Unterschrift der Karte „Industriegebiete in Europa 1800–1900" helfen. Stelle dabei folgende Frage: Was ist das Thema der Karte?*

Sprachliche Hilfen:
- Das Thema der Karte ist …
- Die Karte behandelt …
- In der Karte geht es um …
- Die Karte gibt Auskunft über …

_____

_____

_____

_____

---

b) *Stelle nun fest, welche Gebiete der Erde auf der Karte abgebildet sind. Diese Frage kannst du dafür stellen: Welche Länder, welche Staaten sind auf der Karte abgebildet?*

Sprachliche Hilfen:
- Die Karte zeigt …
- Auf der Karte sind … zu sehen.
- Die Karte zeigt einen Ausschnitt aus …
- Folgende Länder sind auf der Karte zu erkennen …

_____

_____

_____

_____

Y. Cakir-Dikkaya (Hrsg.) / T. Altun / K. Günther / E. Lipkowski: DAZ für den Fachunterricht GeWi
Illustration: A. Kahl

KV 3

Aussageabsicht einer Karte formulieren

c) *Die nächste Frage, die du an die Karte stellst, beschäftigt sich mit der Zeit, die die Karte behandelt. Dazu solltest du sowohl die Unterschrift als auch die Legende berücksichtigen.*
Welche Zeit berücksichtigt die Karte?

Sprachliche Hilfen:
- Die Angaben der Karte beziehen sich auf die Jahre …
- Auf der Karte wird die Entwicklung … zwischen den Jahren … dargestellt

_____

_____

_____

d) *Erfasse nun Einzelheiten der Karte. Dabei solltest du die Zeichen in der Legende berücksichtigen. Hierbei kann dir folgende Frage helfen: Was steht im Zentrum der Karte?*

Sprachliche Hilfen:
- Im Zentrum der Karte steht …
- Im Mittelpunkt der Karte steht …
- Es lässt sich ein deutlicher Fokus auf … erkennen.

_____

_____

_____

2. 👤 *Wenn du dir eine Karte anschaust, willst du daraus immer eine Aussage ableiten.*

- *Was will die Karte uns mitteilen?*
- *Welche Aussagen kannst du feststellen?*
- *Was ist die wichtigste Aussage?*

Du kannst die folgenden Satzanfänge benutzen:
- Es ist interessant, dass …
- Überraschend ist, dass …
- Mit der Karte soll gezeigt werden, dass …
- Der Tabelle lässt sich entnehmen, dass …
- Als Hauptaussage lässt sich festhalten, dass …

Y. Cakir-Dikkaya (Hrsg.) / T. Altun / K. Günther / E. Lipkowski: DAZ für den Fachunterricht GeWi
Illustration: A. Kahl

KV 3

Literatur und Internetadressen

Allgemeines und didaktische Fragen

Beese, M./Benholz, C./Chlosta, Ch (2014): Sprachbildung in allen Fächern. München, S. 84–95.

Leisen, Josef (2009): Handbuch Sprachförderung im Fach. Sprachsensibler Fachunterricht in der Praxis. Hintergrundwissen, Anregungen und Beispiele für die Unterstützung von sprachschwachen Lernern und Lernern mit Zuwanderungsgeschichte beim Sprechen, Lesen, Schreiben und Üben im Fach. Bonn

Leisen, J. / Staatliches Studienseminar für das Lehramt an Gymnasien (Hrsg.) (2009): Sachtexte lesen im Fachunterricht der Sekundarstufe. Koblenz, S. 189–199

Leisen, Josef: Sprachsensibler Unterricht in allen Fächern. Vortrag in Essen am 22. 1. 14 Unter: www.ganzin.de/wp-content/uploads/2014/02/Essen-Leisen-14.13.40.pdf, 16. 2. 2017

Thürmann, E./Vollmer, H. (2011): Checkliste zu sprachlichen Aspekten des Fachunterrichts. Unter: www.unterrichtsdiagnostik.info/media/files/Beobachtungsraster_Sprachsensibler_Fachunterricht.pdf, 16. 2. 2017

Links

https://www.uni-due.de/prodaz/
www.oesz.at/sprachsensiblerunterricht/main_02.php
bildungsserver.berlin-brandenburg.de/index.php?id=publikation_sprachsensibler_fachunterricht

Karten, Symbole, Diagramme und Schaubilder

webcache.googleusercontent.com/search?q=cache:k2MixSxFtrwJ:geoges.ph-karlsruhe.de/mhwiki/index.php5/Arbeit_mit_Karten+&cd=9&hl=de&ct=clnk&gl=de&client=firefox-b

Gryl, I. (2009): Kartenlesekompetenz. Ein Beitrag zum konstruktivistischen Geographieunterricht. Wien. Institut für Geographie und Regionalforschung der Universität Wien

Hemmer, M. (2012): Räumliche Orientierungskompetenz – Herausforderung für Forschung und Schulpraxis. In: Hüttermann, A. et al. (Hrsg.): Räumliche Orientierung. Räumliche Orientierung, Karten und Geoinformation im Unterricht. Braunschweig, S. 10–21

Oleschko, S. (2011): Fachliches und sprachliches Lernen in den gesellschaftswissenschaftlichen Fächern. 2. Sprachfördertagung: Schlüsselkompetenz Sprache - Durchgängige Sprachbildung. am 20. Mai und 21. Mai 2011 Landesinstitut für Lehrerbildung und Schulentwicklung, Hamburg. Unter: http://li.hamburg.de/contentblob/3850458/6093f209d852c5d22d021f5c6c36a195/data/download-pdf-daz-vortrag-oleschko-uni-essen.pdf

Download Arbeitsblätter. Unter: https://www.ph-ludwigsburg.de/17168+M51093461ac2.html

Literatur zum Bereich Geschichte

Adamski, P. (2003): Portfolio im Geschichtsunterricht. In: GWU, H. 1/2003, S. 32–50

Becher, U. (1997): Sprachgebrauch im historischen Lernen. In: Bergmann, K. (Hrsg.) (1997): Handbuch Methoden im Geschichtsunterricht. Schwalbach/Ts.

Becker-Mrotzek, M. (Hrsg.) (2013): Sprache im Fach: Sprachlichkeit und fachliches Lernen, Münster

Bergmann, K. et al. (Hrsg.) (2004): Handbuch Methoden im Geschichtsunterricht. Schwalbach/Ts.

Barricelli, M. (2005): Schüler erzählen Geschichte. Narrative Kompetenzen im Geschichtsunterricht. Schwalbach/Ts.

Dannenhauer, B.: Schülerinnen und Schüler gestalten ein eigenes Schulbuchkapitel. In: Geschichte lernen, H. 30/1992, S. 14–18.

Günther-Arndt, H. (1988): Arbeitsfragen in Schulgeschichtsbüchern. In: Schneider, Gerhard (Hrsg): Geschichtsbewusstsein und historisch-politisches Lernen. Pfaffenweiler, S. 193–204

Hanro, S./Schönemann, B. (2010): Geschichte und Sprache. Eine Einführung. Ort

Memminger, J. (2007): Kreatives Schreiben im Geschichtsunterricht zwischen Fiktionalität und Faktizität. Schwalbach/Ts.

Oleschko, S./Moraitis, A. (2012). Steine sprechen lassen – Zur Rolle der Sprache im Geschichtsunterricht. Ein Werkstattbericht. Zeitschrift für Didaktik der Gesellschaftswissenschaften, Jg. 3/Nr. 2, S. 130–134

Pandel, H.-J. (2000): Die Schriftliche Quelle im Geschichtsunterricht. Schwalbach/Ts.

Pandel, H.-J. (2007): Geschichtsunterricht nach PISA. Kompetenzen, Bildungsstandards und Kerncurricula. Schwalbach/Ts.

Pandel, H.-J. (2010): Historisches Erzählen. Narrativität im Geschichtsunterricht. Schwalbach/Ts.

Schütze, F. (2001): Geschichte anders lernen? Ein Beitrag zur Diskussion um Narrativität im Geschichtsunterricht. In: GWU 52, H. 12 (2001), S. 720–731

Ausführliche Literaturlisten Geschichte
http://www2.geschichte.uni-halle.de/didaktik/Top%20Ten.htm
www.historicum.net/lehren-lernen/didaktik-der-geschichte/
Haubrich, H. (Hrsg.): Bibliographie zur Didaktik der Geographie. Unter http://www.oldenbourg.de/osv/
download/pdf/bibliographie_geographie_00345.pdf, 16.2.2017

Literatur zum Bereich Geografie
Birkenhauer, J. (2005): Sprache und Begrifflichkeit im Geographieunterricht. Praxis Geographie 25 (2005)
H. 1, S. 43–44
Czapek, F.-M. (2000): Begriffs- und Sprachbildung als Prinzip des Geographie-Unterrichts. Gedanken zum
lernstrukturellen Profil des Fach-Unterrichts. In: Geographie und Schule, 22 (2000): 124, S. 24–30
Czapek, F. M. (2004): Sprachliche Bildung im Geographieunterricht. In: Schallhorn, E. (Hrsg.): Erdkunde
Didaktik. Praxishandbuch für die SI und SII. Berlin, S. 111–118
Czapek, F.- M. (2000): Begriffs- und Sprachbildung als Prinzip des Geographie-Unterrichts –Gedanken zum
lernstrukturellen Profil des Fach-Unterrichts. In: Geographie und Schule, 22. / H.124, S. 24–30
Düppe, N.: Wortschatzarbeit im Geografieunterricht. Unter: https://bildungsserver.berlin-brandenburg.de/
fileadmin/bbb/themen/sprachbildung/Durchgaengige_Sprachbildung/Publikationen_sprachbildung/sprach-
sensibler_fachunterricht/5_Sprachsensibler_Fachunterricht-Geografie.pdf
Nodari, C./Steinmann C. (2008): Fachdingsda – Fächerorientierter Grundwortschatz für das 5.–9. Schuljahr.
Aarau
Oleschko, S./Weinkauf, B./Wiemers, S. (2016): Praxishandbuch Sprachbildung Geographie. Sprachsensibel
unterrichten – Sprache fördern, Stuttgart
Schmoll, L. (2001): Zum Umgang mit Fachsprache im Geographieunterricht. In: Praxis Geographie 11/2011.
Unter: http://files.schulbuchzentrum-online.de/onlineanhaenge/files/onl99721.pdf
Schrüfer, G. (2009): Vom diffusen Konzept zum gestuften Modell. Ein Beitrag zur Optimierung der inter-
kulturellen Erziehung im Geographieunterricht. Geographie und ihre Didaktik, Zeitschrift für Geographie-
didaktik, Journal of Geography Education, 4, S. 153–174
Schrüfer, G. (2010): Förderung interkultureller Kompetenz im Geographieunterricht. Ein Beitrag zum
Globalen Lernen. In: Schrüfer, G. / Schwarz, I. (Hrsg.): Globales Lernen. Ein geographischer Diskussions-
beitrag (p. 101). Münster
Schrüfer, G. (2012): Schritte auf dem Weg zur interkulturellen Sensibilität. Praxis Geographie, 11, S. 10–11
Stroppe, W.: Zur Systematik der Begriffe in der Schulgeographie. Geographie und Schule 11 (1981), S. 10–18
Wallert, W. (2001): Geovokabeln. Stuttgart.

Literatur zur Sprachförderung zum Bereich Politik und Wirtschaft
Deutsche Gesellschaft für Geographie (Hrsg.) (2012): Bildungsstandards im Fach Geografie für den Mittle-
ren Schulabschluss. Mit Aufgabenbeispielen, Bonn:
Unter: www.geographie.de/docs/geographie_bildungsstandards_aufg.pdf, 16.2.2017
Gagel, W. (2000): Einführung in die Didaktik des politischen Unterrichts. Ein Studienbuch. Opladen
Giesecke, H. (1996): Kleine Didaktik des politischen Unterrichts. Schwalbach/Ts.
Mickel, W. W. (2003): Praxis und Methode. Eine Einführung in die Methodenlehre der politischen Bildung.
Berlin
Oleschko, S. (2014): Fachliches und sprachliches Lernen im Politikunterricht – ein wechselseitiges
Bedingungsgefüge. In: B. Ziegler (Hrsg.): Politische Bildung in der Schweiz Glarus, S. 74–91
Oleschko, S. (2013): „Ich verstehe nix mehr." – Zur Interdependenz von Bild und Sprache im Geschichts-
unterricht. Zeitschrift für Geschichtsdidaktik, 2013, H. 12, S. 108–123
Oleschko, S./Moraitis, A. (2012): Die Sprache im Schulbuch. Erste Überlegungen zur Entwicklung von
Geschichts- und Politikschulbüchern unter Berücksichtigung sprachlicher Besonderheiten. bildungs-
forschung, 9, S. 11–46
Ralle, B./Prediger, S./Hammann, M./Rothgangel, M. (Hrsg.): Lernaufgaben entwickeln, bearbeiten und über-
prüfen – Ergebnisse und Perspektiven der fachdidaktischen Forschung, Münster
Reinhardt, S. (2007): Politikdidaktik. Praxishandbuch für die Sekundarstufe I und II. Berlin